HERAUSGEBER DR. THOMAS HOFER ZENI

PRAXISBEISPIELE IM MULTIMEDIA- MUSIK- UND FILMRECHT

MIT BEITRÄGEN VON

MARTIN BÜCHELE
DAVID AUNER
STEFAN LAINER
BELLA MAKAGON

Herstellung und Verlag: Books on Demand GmbH, Norderstedt
Grafik & Layout: Martin Büchele ▪ www.buechelegrafik.at

ISBN 3-8334-3930-0

Vorbemerkung

Der Begriff „Multimedia“ hat in den letzten Jahren an Faszination verloren und ist uns das Zusammenfügen von Inhalten verschiedenster Art zu einem anderen, neuartigen Medium, wie dies z.B. beim Film, beim Internet oder bei künstlerischen Projekten der Fall ist, zum Bestandteil unseres täglichen Lebens geworden. Gerade der Computer und damit das Internet haben als Nährboden für sämtliche Arten von Inhalten und der Möglichkeit der Kombination dieser Inhalte eine Situation geschaffen, in der die Kombination von Bildern, Texten, Musik, Filmen, usw. zur Selbstverständlichkeit geworden ist. Die fortschreitende Entwicklung der Technologie lässt diese Möglichkeiten auch in alle Haushalte eindringen und es wird wahrscheinlich nicht mehr lange dauern, bis auch die aufwändigen Animationen von Filmen wie „Star Wars III“ von einem Zwölfjährigen am Heimcomputer problemlos hergestellt werden können.

Diese rasante Entwicklung hat natürlich nicht nur technologische sondern auch rechtliche Probleme mit sich gebracht, denen der Gesetzgeber in regelmäßigen Abständen entsprechend Rechnung trägt, und so hat sich auch - Schritt für Schritt - die rechtliche Landschaft verändert. Dieser Veränderung soll dieses Büchlein Rechnung trage. Diesem Werk liegen Heimarbeiten von Studenten der Middlesex University zugrunde, deren Ausbildung am SAE Technology College Institute Wien stattfindet. Die dort angebotenen Bereich decken sowohl den Bereich der Recording Arts, des Multimedia-Producers und des Digitalfilm-Producers ab, sodass eine sehr breite Palette an praktischer und theoretischer Ausbildung im Medienbereich gegeben ist. Auf der Grundlage der praktischen Ausbildung sollen diese Arbeiten einzelne Bereiche des rechtlich-praktischen Einsatzes im Zusammenhang mit aktuellen Projekten und Problemen abdecken und Lösungsansätze bieten.

Es ist zu hoffen, dass sich hieraus Anregungen für den Interessierten ergeben, und dieses Büchlein doch immer wieder bei Planung diverser Projekte zu Rate gezogen wird, und auch entsprechende Unterstützung zu leisten vermag.

Dr. Thomas Hofer-Zeni
der Herausgeber

Inhalt

MULTIMEDIA

MUSIK

FILM

MULTIMEDIA 1

Einrichtung einer kommerziellen Website

von Martin Büchele

Aufgabenstellung:

Dein Plan ist es im Internet Grafiken, kleine Animationen, Bilder und Musikfiles gegen Entgelt zum Download anzubieten. Dies im Wesentlichen um sie zur Nutzung für Websites, Spiele und Publikationen zu nutzen. Dabei sollen nicht nur Arbeiten von dir angeboten werden, sondern auch anderen Anbietern die Möglichkeit gegeben werden ihre Arbeiten upzuloaden, ihren Preis dafür festzulegen, wobei du am Verkauf mit 20% beteiligt sein sollst.
Erstelle einen Plan wie dieses Projekt zu verwirklichen ist, und welche rechtlichen Aspekte berücksichtigt werden müssen. Insbesondere halte Folgendes fest:

- rechtlich relevanter Aufbau der Website, Schritte bis zum Vertragsabschluss;
- die wesentlichen Punkte die im Vertrag mit dem Erwerber geregelt sein müssen;
- die wesentlichen Punkte, die im Vertrag mit dem „Anbieter“ geregelt sein müssen;
- kümmere dich um eine Möglichkeit eine Zahlungsmöglichkeit über das Internet (z.B. Kreditkarte), halte die diesbezüglichen Bedingungen und auch die Vor- und Nachteile fest.

1 Vorinformationen

1.1 Gewerbeberechtigung

Eine eigene Online-Zulassung oder E-Commerce-Berechtigung gibt es nicht. Wir brauchen jene Gewerbeberechtigungen, die unsere Tätigkeit erfordert, wenn wir sie auch Offline ausüben würden.
Die Berechtigung wird bei der Gewerbehörde (z.B. Gewerbeamt der Gemeinde Wien, wenn der Sitz der Firma in Wien ist) eingeholt. Für die Ausübung der Tätigkeiten in unserem Fall benötigen wir 2 Gewerbe-anmeldungen. Zu einem für die Erstellung oder das Produzieren der Werke die „Grafik/Designer“ oder „EDV-Dienstleisung“ Gewerbeberechtigung (mit diesem könnten wir auch unsere Werke verkaufen) - aber da wir auch von anderen Anbietern Werke verkaufen möchten, wird auch die Gewerbeberechtigung „Handel“ benötigt. Beide sind anmelde- nicht aber genehmigungspflichtig.

1.2 Internet-Domain

Das Internet unterliegt zwar keiner zentralen Verwaltung, dennoch sind gewisse administrative Maßnahmen notwendig. Eine davon ist die Vergabe und Koordination von eindeutigen Domains. Diese Funktion erfüllt die ICANN und überträgt den einzelnen Registrierstellen die Verwaltung der einzelnen Top Level Domains. So verwaltet die Top Level Domain „at“ das Unternehmen nic.at - Internet Verwaltungs- und Betriebsgesellschaft m.b.H. Bei dieser Gesellschaft muss somit die Anmeldung einer „at“-Domain für unser Unternehmen erfolgen. Diese Anmeldung wird häufig auch über den zukünftigen Provider angeboten, der sich danach mit nic.at ins Einvernehmen setzt.

1.3 Urheberrecht

Es ist darauf zu achten, dass alle Inhalte der Website (Grafiken, Logos, Texte, Bilder, Java-Appplets, etc.) eigene Schöpfungen sind, d.h. selbst geschaffen wurden. Denn „copy & paste“ von anderen Webseiten kann eine Urheberrechtsschutzverletzung darstellen.

1.4 Providerhaftung

Das ECG sieht eine weitgehende Haftungsbefreiung für Access- und Host-Provider vor. Der Content-Provider - also in diesem Falle unser Unternehmen - haftet jedoch für die vom ihm bereitgestellten Inhalte.

1.5 Preisgestaltung

Die Preisgestaltung wird exklusive der MWSt. aufgelistet.
Es ist darauf hinzuweisen, dass es sich bei all diesen Werken um vorproduzierte Werke handelt. Es kann also nicht der gleiche Preis wie für Auftragsarbeiten herangezogen werden.
Weiters handelt es sich bei den Werken nicht um hochwertige schwierig zu erstellende Werke, sondern hauptsächlich Hilfsmittel für diverse Websitegestaltungen oder Spiele, und dies in großer Zahl. Sollte sich im Laufe der Zeit die Möglichkeit - aber auch Notwendigkeit - von hochwertigeren Werken ergeben, ist natürlich ein weiteres (zweites) Preismodell zu erstellen.

- Internet Grafiken:

Der Einheitspreis für eine Illustration beträgt € 7,-.
Mengenrabattregel: 5 Illustrationen kosten € 30,- und 10 Illustrationen € 50,-
Die Gewinnspanne für unser Unternehmen bei weiteren Anbietern ist somit € 1,4 pro Illustration (bei 5 Illustrationen € 5,- und bei 10 Illustrationen € 10,-.)
Es sei noch erwähnt, dass bei einer Mengenrabattregelung die Gewinnspanne unter Umständen von verschiedenen Anbietern prozentuell abgerechnet werden muss.

- Kleine Animationen:

Der Einheitspreis für eine Animation beträgt € 12,-.
Die Gewinnspanne für unser Unternehmen bei weiteren Anbietern ist somit € 2,4 pro Animation.

Bilder:
Der Einheitspreis für ein Bild beträgt € 4,-.
Die Gewinnspanne für unser Unternehmen bei weiteren Anbietern ist somit € 0,8 pro Bild. (Es handelt sich hierbei um 72 dpi Bilder, die nicht für den Druck geeignet sind).

Musikfiles:
Hierbei handelt es sich hauptsächlich um Soundloops die in Paketen angeboten werden, so zum Beispiel 50 R&B Loops oder 50 Tiergeräusche, etc.
Der Preis dafür beträgt einheitlich € 40,-.
Die Gewinnspanne für unser Unternehmen bei weiteren Anbietern ist 20%, das sind somit € 8,-.
Bei Verkauf von Einzeltitel (ebenfalls Soundloops) beträgt der Preis € 1,30.
Die Gewinnspanne bei weiteren Anbietern ist somit € 0,26,-.

2 Die Bestellung

2.1 Allgemeine Informationspflichten

Diese „Allgemeinen Informationspflichten“ gelten für alle kommerziellen Websites. Es ist unerheblich ob es sich um einen Webshop oder um eine Präsentationsseite eines Unternehmens handelt.

Nachfolgende Informationen sind ständig sowie leicht und unmittelbar zugänglich auf unserer Website auszuweisen - so z. B. im Punkt „Impressum“ oder „Wir über uns“, etc.:

- unser Name (oder Firmenname)
- die geographische Anschrift
- Kontaktdaten: Mail/Telefon/Fax
- Aufsichtsbehörde (für Wien das Magistratische Bezirksamt der Stammberechtigung = Sitz des Unternehmens)
- Die Wirtschaftskammer der wir angehören - in diesem Fall gehen wir von der Wirtschaftskammer Wien aus
- Die Umsatzsteueridentifikationsnummer (UID-Nummer)

2.2 Vertragsabschluss

Ein Vertragsabschluss mit einer übereinstimmenden Willenserklärung von 2 Personen kann auch elektronisch oder digital mit Hilfe eines Computers erstellt und elektronisch weitergeleitet werden. Dies kann schriftlich (per E-Mail) oder auch mündlich (per Sound-File) erfolgen. Der Käufer (= Erwerber) gibt seine Willenserklärung mit Abschicken des Vertrages (= ist in unserem Fall ein Web-Formular) bekannt und der Händler gibt üblicherweise seine Willenserklärung mit einer personifizierten Auftragsbestätigung bekannt. Bei unserem Unternehmen ist dies nicht nötig, da der Käufer (= Erwerber) direkt nach Abschicken des Web-Formulars - nach der Durchführung der Zahlung - sofort zum Download weitergeleitet wird.

Somit entfällt in unserem Fall das Prozedere der Auftragsbestätigung, da die Willenserklärung des Kaufvertrages durch die sofortige Weiterleitung an den Download erfolgt. Die Ausstellung einer Rechnung muss allerdings nach den Bestimmungen des Umsatzsteuergesetz erfolgen.
Wird daher die Rechnung elektronisch versendet, dann müssen folgende Voraussetzungen erfüllt sein:

- Der Rechnungsempfänger muss zustimmen, (z.B. in den Allgemeinen Geschäftsbedingungen)
- Die Echtheit der Herkunft und die Unversehrtheit des Inhalts müssen gewährleistet werden. Das ist dann der Fall, wenn die Rechnung mit einer digitalen Signatur im Sinne des Signaturgesetzes versehen ist und auf einem Zertifikat eines Zertifizierungsanbieters im Sinne des Signaturgesetzes beruht.

Es ist auch im E-Business möglich eigene vorformulierte Vertragsbedingungen (Allgemeine Geschäftsbedingungen/AGB) in das Vertragsverhältnis einzubeziehen. Allerdings ist das hauptsächlich für Mittel- und Großbetriebe interessant. Für einen Kleinbetrieb wie unseren reicht ein Vermerk, dass die im Kaufvertrag festgehaltenen Punkte sowie die gesetzlichen Vorschriften gültig sind. Es sind somit unerheblich ob wir die vertraglich festgehaltenen Punkte AGB oder sonst wie nennen - es muss nur vom Kunden (=Erwerber) leicht nachvollziehbar sein, welche vertraglichen Richtlinien für den Kaufabschluss gültig sind, und diese müssen für ihn noch vor Vertragsabschluss lesbar/speicherbar bzw. druckbar sein, ansonsten werden sie nicht zum Vertragsinhalt.

Die einzelnen Verträge (über die Bestellung selbst sowie über Nutzung der Werke) sollten immer mit einer Akzeptierbestätigung (Checkbox) erfolgen.

2.3 Bestellhilfe / Informationen nach ECG

In einfachen Worten muss der Erwerber (= Kunde) die wichtigsten Bestellschritte nachlesen können - am besten als Hilfe Funktion (z. B. Icon mit Fragezeichen), die der Erwerber vor und während der Bestellung jederzeit aufrufen kann. Weiters muss in der Bestellhilfe festgehalten werden, wie der Erwerber seine Bestellung ändern bzw. korrigieren kann. Wenn wir uns einem Verhaltenskodex unterwerfen - wie z. B dem E-Commerce-Gütezeichen - muss ein Link mit dessen Bedingungen gelistet werden. Aus Seriositätsgründen ist ein solches Gütezeichen anzustreben.

Wird die Bestellung des Erwerbers (Vertragstext) nicht gespeichert - was in unserem Fall wahrscheinlich ist - müssen wir explizit erwähnen, dass der Käufer seine Bestellung selbst ausdrucken und/oder speichern soll.Wenn die Vertragssprache nur Deutsch ist, so müssen wir darauf hinweisen (z. B. „Die Vertragssprache ist deutsch"). Wenn die Erwerber in mehreren Sprachen bestellen können, müssen wir auch darauf hinweisen und nebst der Bestellung auch den Informationspflichten in diesen Sprachen nachkommen.

2.4 Der Bestellvorgang selbst

Eine Druck- und Speichermöglichkeit für die fertige Bestellung ist anzubieten.
Der potenzielle Erwerber muss während des gesamten Bestellvorgangs eine Abbruchmöglichkeit haben. Weiters muss auch eine „Zurück" Funktion angeboten werden.

Bevor der finale „Bestell-Mouseklick" erfolgt, müssen nochmals alle Daten (Artikelmenge, Adresse, Ware, Preise, etc.) aufgelistet werden, mit einer Erwerberaufforderung diese noch einmal zu überprüfen - natürlich müssen dann auch Korrekturmöglichkeiten gegeben werden (z. B. Sind Sie sich sicher… Bestätigung).

2.5 Informationspflicht nach dem Fernabsatzgesetz

Ein wichtiger Punkt - speziell wenn es sich bei den Käufern um Nicht-unternehmer handelt - sind die Informationspflichten nach dem Fernabsatzgesetz.

Folgend Punkte müssen auf unserer Website enthalten sein, so dass sie der Käufer vor Vertragsabschluss (= die Abgabe seiner Bestellung - Final-Mouseklick) zur Kenntnis nehmen kann:

- Name und ladungsfähige Anschrift des Unternehmens (wie in Punkt 2.1)
- Die wesentlichsten Eigenschaften der Ware oder Dienstleistung (Produktbeschreibung)
- Den Preis der Ware oder Dienstleistung einschließlich der Steuern (es muss deutlich darauf hingewiesen werden, dass es sich um Bruttopreise handelt = inkl. MWSt)
- Die Einzelheiten der Zahlung und der Lieferung oder Erfüllung
- Die Gültigkeit des Angebots oder des Preises

Diese Informationen müssen dem Käufer online zur Verfügung gestellt werden, bevor er überhaupt seine Bestellung abgibt.
Dem Käufer - Vertragspartner - muss jedenfalls rechtzeitig vor Vertragsabschluss eine entsprechende Information in einer klaren und verständlichen Form zur Verfügung stehen. Der Käufer soll die Möglichkeit haben, bevor er seine Bestellung aufgibt, sich einen umfassenden Überblick über seinen Vertragspartner (= wir!), über die Einzelheiten seiner Leistung und insbesondere über den Preis und die Kosten zu verschaffen.

Und noch zur Information:

- Rücktrittsrecht - gibt es in unserem Fall nicht. Der Download bzw. Upload wird als Entsiegelung angesehen, da die Daten sofort benutzt werden können. Sinnvoll ist es aber, schon bei den Bestellinformationen darauf hinzuweisen, dass in diesem bestimmten Fall kein Rücktrittsrecht besteht.
- zusätzlich zu den Informationen nach dem E-Commerce-Gesetz muss der Verbraucher (= Vertragspartner) rechtzeitig vor Abgabe seiner Vertragserklärung über die Kosten für den Einsatzes des Fernkommunikationsmittels, - sofern sie nicht nach dem Grundtarif berechnet werden - informiert werden.

Weiters müssen noch Detailinformationen (Rechnung) schriftlich nach Vertragsabschluss bekannt gegeben werden.

- Name und ladungsfähige Anschrift des Unternehmens
- Die Bestellung, nämlich:
  - die wesentlichen Eigenschaften der Ware oder Dienstleistung
  - den Preis der Ware oder Dienstleistung einschließlich aller Steuern
  - die Einzelheiten der Zahlung und der Erfüllung
- Geografische Anschrift für Reklamationen
- Information über Kundendienst

2.6 Download/Systemverfügbarkeit

Weiters sollte im Vertrag noch verankert werden:

- dass die Werke auf unserem Server in Dateiform zum Download bereitgestellt werden. Der Käufer trägt seine Telekommunikations-, Provider- und sonstigen Kosten, die durch den Downloadvorgang entstehen.
- dass wir keine permanente Downloadmöglichkeit von unserem Server garantieren können.

2.7 Gewährleistung

Weiters sollte im Vertrag noch verankert werden:

- der Käufer hat downgeloadete Werke unverzüglich - soweit zumutbar - zu untersuchen und erkennbare Mängel schriftlich (per E-Mail) geltend zu machen. Ist ein Gewährleistungsfall gegeben, sind wir nach unserer Wahl zur Mängelbeseitigung oder Ersatzlieferung berechtigt.

(Sind wir zur Mängelbeseitigung/Ersatzlieferung nicht bereit oder nicht in der Lage, oder verzögert sich diese über angemessene Fristen hinaus aus Gründen, die wir zu vertreten haben, oder schlägt in sonstiger Weise die Mängelbeseitigung/Ersatzlieferung fehl, so ist der Käufer (= Vertragspartner) nach seiner Wahl berechtigt, vom Vertrag zurückzutreten oder eine entsprechende Herabsetzung des Kaufpreises zu verlangen.)

2.8 Haftungsbeschränkung

Weiters kann im Vertrag noch verankert werden:

- dass wir aus gesetzlichen oder vertraglichen Haftungstatbeständen dem Käufer nur haften, wenn uns Vorsatz oder grobe Fahrlässigkeit zur Last gelegt werden kann (kann nur zwischen Unternehmern vereinbart werden, bei Konsumenten unwirksam);
- dass wir keine Gewähr für Aktualität und Vollständigkeit der bereitgestellten Inhalte auf unserer Website übernehmen. Alle Angebote sind freibleibend und unverbindlich. Wir behalten und ausdrücklich vor, Teile oder das gesamte Angebot zu verändern, ergänzen oder zu löschen.
- für Verweise und Links wird keine Haftung übernommen. Wir erklären ausdrücklich, dass zum Zeitpunkt der Linksetzung keine sittlich fragwürdigen, rechtswidrigen bzw. nicht funktionierenden Links erkennbar waren.

2.9 Datenschutz

Weiters muss im Vertrag noch verankert werden:

- dass die für die Geschäftsabwicklung nötigen Daten gespeichert werden. Alle persönlichen Daten werden selbstverständlich unter Beachtung der geltenden, datenschutzrechtlichen Bestimmungen vertraulich behandelt. Wir behalten uns allerdings den Datenaustausch mit anderen Unternehmen und Auskunfteien zum Zwecke der Kreditprüfung vor. Dazu muss eine ausdrückliche Zustimmung erteilt werden.
- dass, bei Setzen von Cookies, eine Information erfolgen sollte, dass man dies über die Einstellungen des Webbrowsers verhindern kann.

2.10 Sonderrechte für Online-Anbieter

Es sei noch darauf hingewiesen, dass es keine Sonderrechte für Online-Anbieter in diesem Sinne gibt. Das E-Commerce-Gesetz regelt nur einige besondere Aspekte. Wir müssen aber selbstverständlich alle österreichischen Gesetze einhalten, die auch im Offline-Bereich zu beachten wären!

3 Die wesentlichen Punkte die im Vertrag mit dem Erwerber geregelt sein müssen

In dem Vertrag mit dem Erwerber müssen folgende Punkte festgehalten werden:

3.1 Übertragung der Verbreitungsrechte

- dass wir dem Erwerber sämtliche Nutzungsrechte, die uns - aber auch Nutzungsrechte die uns selbst übertragen worden sind - übertragen. Er erwirbt somit das Recht auf professionellen Gebrauch des Werkes. Ausgenommen jener im Punkt 3.2 (letzter Punkt).
- dass der Erwerber das Material im In- und Ausland verwenden kann.

3.2 Über das Werk

- es handelt sich bei diesen Werken um eine Werknutzungsbewilligung. Wir behalten uns vor, die Werke auch weiterhin an Interessenten zu veräußern.
- dass die Werke nicht zu pornografischen, obszönen, unmoralischen, ungesetzlichen, blasphemischen oder diffamierenden Zwecke verwendet werden.
- dass der Erwerber berechtigt ist, das eingebrachte Material zu duplizieren, auf Trägermaterialien abzuspeichern und auf Download-Basis digital zu übermitteln (Vervielfältigungsrecht).
- dass dem Erwerber untersagt wird, das Werk ohne Einbindung in ein Projekt weiterzuverkaufen. D.h. er darf die von uns erworbenen Werke nicht Abnehmern anbieten oder verkaufen, wenn es nicht im Zusammenhang mit einem Projekt (Website, Video, Film, etc.) verwendet wird.

3.3 Sicherheiten gegenüber dem Erwerber

- wir versichern, dass wir die alleinigen Urheber sind, oder sämtliche Werknutzungsbewilligungen von weiteren Anbietern an uns übertragen worden sind.

3.4 Die Verwertung der Werke

- wir erklären uns damit einverstanden, dass die beigestellten Werke bearbeitet und/oder verändert werden dürfen (Bearbeitungsrecht).
- wir erklären uns damit einverstanden, dass die beistellten Werke - öffentlich vorgetragen oder aufgeführt werden dürfen (Vortrags-, Aufführungs- Vorführungsrecht).
- wir erklären uns damit einverstanden, dass die beigestellten Werke durch Funk, wie Fernsehen, Rundfunk, Satellitenfunk, Kabelfunk - aber auch im Internet - oder ähnlichen technischen Mitteln der Öffentlich zugänglich gemacht werden darf.

3.5 Allgemeines

- es gelten die auf unserer Website sichtbaren Preise (= inkl. MWSt.)
- dass der Erfüllungsort und Gerichtsstand für alle Ansprüche aus diesem Vertrag der Sitz unseres Unternehmens ist (= Wien).
- dass die Rechtsbeziehung zwischen Anbieter und uns ausschließlich dem Recht der Republik Österreich unterliegt.

4 Die wesentlichen Punkte die im Vertrag mit dem Anbieter geregelt sein müssen

Zu Beginn muss zuerst die Information eingeholt werden, ob der Anbieter bei einer Verwertungsgesellschaft Mitglied ist. Wenn dies der Fall ist, ist unser Vertragspartner nicht nur der Schöpfer dieser Arbeiten, sondern auch die Verwertungsgesellschaft hat Rechte.

Bei Musikprodukten ist es die AKM (Staatlich genehmigte Gesellschaft der Autoren, Komponisten und Musikverleger, 1031 Wien, Baumgasse 10), bei Fotografen ist es die VBK (Verwertungsgesellschaft bildender Künste, 1120 Wien, Tivoligasse 67/8) und bei Animationen ist die VAM (Verwertungsgesellschaft für Audiovisuelle Medien). Für Grafiken gibt es keine Verwertungsgesellschaft in Österreich, somit ist der Produzent mit Sicherheit alleiniger Vertragspartner (ausgenommen in der Animation befindet sich auch eine Komposition).

Wenn der Urheber trotz Mitgliedschaft bei einer Verwertungsgesellschaft einen Vertrag mit uns tätigt, ist der Vertrag gültig, unterliegt aber den Lizenzbestimmungen der zuständigen Verwertungsgesellschaft.

In diesem Vertrag müssen folgende Punkte festgehalten werden:

4.1 Übertragung der Verbreitungsrechte

- dass wir die Vermarktung des eingebrachten Materials (= Werk) im eigenen Namen und für eigene Rechnung übernehmen;
- dass der Anbieter (= Schöpfer) uns zu diesem Zweck sämtliche Nutzungsrechte, die ihm selbst an dem Werk zustehen überträgt;
- dass wir das Material im In- und Ausland unter Ausschluss aller Personen, einschließlich des Anbieters selbst, verwenden (ist

nicht zwingend, der Anbieter kann sich eine Weiterverwertung vorbehalten);

- dass wir berechtigt sind, Dritten einfache oder ausschließliche Nutzungsrechte in beschränkten oder unbeschränkten Umfang einzuräumen sowie Nutzungsrechte ganz oder teilweise auf andere Unternehmen zum Zwecke der Vermarktung zu übertragen.
- dass uns die Werke kostenlos für die Eigenwerbung zur Verfügung stehen.

4.2 Über das Werk

- dass wir berechtigt sind, das eingebrachte Material zu duplizieren, auf Trägermaterialien abzuspeichern und auf Download-Basis digital zu übermitteln (Vervielfältigungsrecht/Zurverfügungstellungsrecht).
- dass dem Anbieter (=Schöpfer) untersagt wird, uns zu konkurrenzieren. Er darf seine eingebrachten Werke nicht Abnehmern anbieten oder verkaufen, die in Geschäftskontakt mit uns stehen. Hier könnte eine Vertragsstrafe in der Form vorgesehen werden, dass der Anbieter ein Zehnfaches des von uns veröffentlichten Preises pro Werk an uns zu leisten ist. Weiters würde der Vertrag zwischen dem Anbieter und uns mit sofortiger Wirkung aufgelöst.

4.3 Sicherheiten gegenüber dem Anbieter

- dass der Anbieter versichert, dass er alleiniger Urheber des eingebrachten Materials ist, dass er über das Material und die daran bestehenden Nutzungsrechte frei verfügen darf und dass sie frei von Rechten Dritter sind.
- dass der Anbieter dafür einsteht, dass abgebildete Personen - sei es auf Bildern, Grafiken oder Animationen - oder die Inhaber der Rechte an abgebildeten Werken der bildenden oder angewandten Kunst die Einwilligung zu einer Veröffentlichung (einschließlich der Verwertung für werbliche Zwecke) in nachweisbarer Form erteilt haben.
  Der Anbieter haftet für sämtliche Schäden, die uns aus den eben erwähnten Gründen entstehen.

4.4 Die Verwertung der Werke

- dass die Entscheidung darüber, zu welchen Bedingungen das Bildmaterial an Dritte weitergegeben wird, ausschließlich wir treffen. Wir sind aber nicht verpflichtet, die Vermarktung des eingebrachten Materials durch Werbung oder sonstige Maßnahmen zu fördern.
- dass der Anbieter sich damit einverstanden erklärt, dass die beigestellten Werke bearbeitet und/oder verändert werden dürfen (Bearbeitungsrecht), und er auf die Nennung als Urheber bzw. die Anbringung einer Urheberbezeichnung verzichtet.
- dass der Anbieter sich damit einverstanden erklärt, dass die beigestellten Werke öffentlich vorgetragen oder aufgeführt werden dürfen (Vortrags-, Aufführungs- Vorführungsrecht).
- dass der Anbieter sich damit einverstanden erklärt, dass die beigestellten Werke durch Funk, wie Fernsehen, Rundfunk, Satellitenfunk, Kabelfunk - aber auch im Internet - oder ähnlichen technischen Mitteln der Öffentlich zugänglich gemacht werden darf.

4.5 Honorar

- dass wir uns von den erzielten Erträgen aus der Verwertung der Werke 20% des Netto-Wertes einbehalten. Erträge sind in diesem Fall die von den Verwertern gezahlten Vergütungen. Bei Erlösen, die mit anwaltlicher Hilfe und/oder auf gerichtlichem Wege beigetrieben werden, gilt als Ertrag nur das, was uns nach Abzug der vom Schuldner nicht erstatteten Anwalts- und Gerichtskosten verbleibt. Soweit die an den Anbieter zu zahlenden Ertragsanteile mehrwertsteuerpflichtig sind, erhält er die gesetzliche Mehrwertsteuer zusätzlich vergütet.

4.6 Abrechnung

- dass die Abrechnung und Zahlung der Ertragsanteile vierteljährlich erfolgt.
- dass zur Überprüfung der Abrechnung ein vom Anbieter beauftragter, zur Berufsverschwiegenheit verpflichteter Dritter (Rechtsanwalt, Wirtschaftsprüfer, Steuerberater, verteidigter Buchprüfer) in die Bücher und die Unterlagen von uns Einsicht nehmen kann.

4.7 Kündigung des Vertrages

- dass der Vertrag auf unbestimmte Zeit läuft und nur mit einer Frist von sechs Monaten zum Jahresende gekündigt werden kann. Wir werden vom Zeitpunkt der Kündigung an kein Material des Anbieters mehr in Umlauf bringen.

4.8 Allgemeines

- dass der Erfüllungsort und Gerichtsstand für alle Ansprüche aus diesem Vertrag der Sitz unseres Unternehmens ist.
- dass die Rechtsbeziehung zwischen Anbieter und uns ausschließlich dem Recht der Republik Österreich unterliegen.

5 Zahlungsmöglichkeiten über das Internet

Zu den wichtigsten Faktoren für das Funktionieren eines Webshops zählen attraktive Zahlungsmöglichkeiten. Der Aspekt der sicheren Bezahlung ist essentiell. Es sollten sowohl dem Anbieter die Echtheit des Kunden und dessen Zahlungsbereitschaft gewährleistet sein als auch umgekehrt dem Käufer die Si-cherheit gegeben wird, sicher und korrekt bezahlen zu können.

Österreich hat im Bezug auf Zahlungsmöglichkeiten im Internet auf technologischer Basis eine Vorreiterstellung eingenommen. In speziellen Fall bei zwei zukunftsweisenden Zahlungsmöglichkeiten (Micropaying) im Internet! Erstens bei aufladbaren Maestro-Karten (@Quick) und beim Zahlen mit dem Handy (Paybox). Quick Zahlungen gibt es schon seit einigen Jahren erfolgreich. Ab Herbst 2004 wird es auch intensiv für den Gebrauch im Internet beworben. Und das Bezahlen mit dem Handy wird

schon seit einiger Zeit intensiv beworben, wobei speziell die jüngere Generation die Zielgruppe darstellt.
Vor kurzem setzten beiden größten Kreditkartenunternehmen Mastercard & Visa weltweit neue Maßstäbe bei Kreditkartenzahlungen im Internet. Seit November 2003 bei Visa (Verified by Visa) und seit Mai 2004 bei Mastercard (Mastercard Secure-Code) wurde eine neue Sicherheitstechnologie eingeführt. Die Handhabung ist einfach. Jeder Endkunde (= Karteninhaber) muss sich nur einmal beim Kreditkartenunternehmen registrieren lassen - er erhält dann einen Pin Code und nur dieser wird beim „Shoppen" im Internet eingegeben - ohne Kreditkartennummer. Diese Einführungen wurden notwendig, da viele Beschwerden und Missbräuche im Internet mit der Kreditkarte erfolgten - und gehaftet haben meistens die Betreiber von Webshops.
Für unser Projekt wären die drei eben erwähnten Zahlungsmöglichkeiten zu empfehlen. Die Kreditkarte als bewährtes Zahlungsmittel im Internet (bekannt und jetzt sogar noch sicherer) und die beiden zukunftsweisenden Zahlungsmittel @Quick von Europay und Paybox. @Quick wird von den Experten als praktikable Zahlungslösung, speziell für kleine Zahlungsbeträge, empfohlen, die von den Kosten geringer (für Betreiber und Kunde) als die Kreditkarte sind. Für die Handygeneration ist Paybox sicher die geeignetste und schnellste Zahlungsmöglichkeit im Netz.
Da die Anbindung von Zahlungssystemen an unserem Webshop von Drittfirmen erfolgen muss, ist es empfehlenswert Firmen zu beauftragen, die gleich mehrere Zahlungssysteme in Form von Paketen anbieten - so z. B. die Firma Qenta (www.qenta.at).

Nachstehend noch ein kleiner Überblick über Zahlungsarten im Internet.

5.1 Kreditkarten

Die üblichste Bezahlungsart bei Einkäufen via Internet ist noch immer jene mit der Kreditkarte. Allerdings liegt in Europa die Hemmschwelle Daten im Internet Preis zu geben weit höher als in den Vereinigten Staaten.

Mehr Infos unter:
▪ www.mastercard.at ▪ www.visa.at ▪ www.dinersclub.at ▪
▪ http://www24.americanexpress.com/austria/merchant/ ▪

- Bedingungen & Kosten:

Anbindung erfolgt über eine Drittfirma, welche die technischen Sicherheitsvoraussetzungen schafft. Zusätzlich müssen aber natürlich auch bei jeder Kreditkartenfirma Verträge (+ Zusatzverträge über Fernabsätze - darin ist zum Beispiel verankert, dass die Daten auf keinen Fall unverschlüsselt über das Netz übermittelt werden dürfen) abgeschlossen werden. Laut Mastercard muss beim Ansuchen die Website schon Online sein. Diese Prämisse wurde bei den anderen Kartenunternehmen nicht verlangt. Basiskosten für die Drittfirma - z. B. Fa. Qenta: € 998,- sowie € 59,- /Monat. Pro Kreditkartenmodul € 198,- sowie € 9,90/Monat pro Modul. Transaktionskosten bei Fa. Qenta pauschal € 59,- im Monat/bis 5000 Transaktionen. (Stand Herbst 2004)
Wenn die technischen Sicherheitsvoraussetzungen von einer Drittfirma gelöst werden, fallen dann natürlich noch Kosten von den Kreditkartenunternehmen an: z. B. von Visa: 2,8% + € 0,10 /Transaktion

- Vorteile:
  - Kein Risiko für Kunden und minimiert für den Betreiber
  - Hoher Bekanntheitsgrad

- Nachteile:
  - Noch immer Unsicherheiten bei den Konsumenten
  - Der Anbieter haftet im Zweifelsfall (kein gesicherter Zahlungsanspruch bei missbräuchlicher Verwendung der Kreditkarte)

5.2 @Quick von Europay Austria

Mit @Quick können Internet-Quick-Zahlungen schnell und sicher durchgeführt werden. Speziell für kleine Zahlungsbeträge, für die es bisher kaum praktikable Zahlungslösungen gab, stellt @Quick eine Alternative dar. Quick befindet sich auf allen österreichischen Maestro-Karten (Bankomatkarten). Sie ist an keinen Händler, keine Bank, keine Produktgruppe oder Dienstleistungen gebunden. Aufgeladen wird sie mit der Bankomatkasse. Bis jetzt gibt es allerdings eine Limitierung von € 400,- - was in unserem Fall unerheblich ist.

Mehr Infos unter http://www.quick.at/

Bedingungen & Kosten:

Keine Anbindung an Fremdfirma.
Preise: Softwarelizenzentgelt € 49,-, jährliches Supportentgelt € 100,-, Service-gebühr pro Transaktion 2% (mindestens € 0,50).

Vorteile:

- Schnellere und sichere Bezahlart im Internet
- Anonymes Bezahlsystem
- Keine Kreditkartendaten müssen bekannt gegeben werden
- Kein Code (PIN) - keine Buchungszeile am Konto
- Keine Unterschrift

Nachteile:

- der Konsument braucht ein eigenes Kartenlesegerät
- funktioniert nur mit Internet-Explorer und Netscape
- noch sehr unbekannt
- wenn Transaktionen von Personen durchgeführt werden wollen, in deren Länder Maestro nicht angeboten wird

5.3 Direct Pay (eps)

Es handelt sich hierbei um ein Online-Zahlungssystem der führenden österreichischen Bankgruppen. Der Internet-Käufer überweist direkt von seinem Giro-Konto auf das Konto des Webshops.
Der Kunde entscheidet sich auf der Webseite eines an dieses System angeschlossenen Internet-Händlers für ein Produkt seiner Wahl und klickt auf die EPS-fähige Zahlstelle; damit gelangt er automatisch in das E-Banking-System seiner Bank und braucht nur mehr mit seiner TAN (Transaktionsnummer) „unterschreiben". Sobald die Bank die Daten überprüft hat, erhalten Käufer und Verkäufer die Transaktionsbestätigung. Um das Zahlungssystem einer bestimmten Bank einsetzen zu können, muss - wie bei den Kreditkarten - mit dieser Bank die entsprechende Teilnahmevereinbarung abgeschlossen werden.

Bedingungen & Kosten:

Man muss Kunde einer der führenden österreichischen Bankgruppen sein (BAWAG PSK Gruppe, der Erste Bank/Sparkassen, der Raiffeisen Bankengruppe oder der BA CA Gruppe).

Die Anbindung erfolg entweder über eine XML- oder einer HTML-Anbindung. Für die Anbindung sind wir - als Händler - selbst verantwortlich. Einmalige Teilnahmegebühr € 100,-. Sodann hat man die Wahl zwischen Garantierte Zahlung 3,50 % und Nicht garantierte Zahlung 2,00 %, die Mindestgebühr pro Transaktion beträgt € 0,70. Fremdbankspesen pro Quartal € 10,00. (Stand Herbst 2004)

Vorteile:

- keine gesonderte Registrierung und Einrichtung für die Internet-Käufer
- Hohe Sicherheit, da Kunde und Shopbetreiber bei den Banken registriert sind
- Rasche Zahlungsabwicklung
- Durchführung ist dem Kunden schon bekannt (das Prozedere der Durchführung basiert auf die Telebankingsoftware)
- Sicherste Form für den Betreiber

Nachteile:

- Der Käufer muss ein Kunde von BAWAG PSK Gruppe, der Erste Bank/Sparkassen, der Raiffeisen Bankengruppe oder der BA-CA Gruppe sein

5.4 Paysafe Card

Die paysafecard ist eine Wertkarte (Prepaid Card) speziell für den Einkauf im Internet. Sie ermöglicht einfaches und anonymes Einkaufen im Internet. Das Prinzip ist ziemlich einfach: Man kauft eine Karte (Tankstellen und Trafiken) und rubbelt das Feld auf der Rückseite frei. Dort findet man einen 16-stelligen Code. Will man nun ein Produkt im Web-Shop kaufen, klickt man ein-fach als Zahlungsmittel „paysafecard" an und gibt dort den freigerubbelten 16-stelligen Code ein. Mit diesem Code bezahlt man für das gewünschte Produkt.
Mehr Infos unter http://www.paysafecard.com/at/de/

Bedingungen & Kosten:
Keine - nur Bestellformular ausfüllen. Man muss nur die paysafecard auf der Website implementieren. Wenn man sich für eine direkte paysafecard Anbindung entscheidet, belaufen sich die einmaligen

Einrichtungsgebührkosten der „paysafecard Schnittstelle" auf € 700,-
Die Monatsgebühr (Running Fee) ist € 70,- für die Nutzung.
Wenn man sich für eine Einbindung über einen zertifizierten paysafecard Partner entscheidet belaufen sich in unserem Fall (es gibt mehrere Gebühreneinteilungen) auf 12 % des vom Kunden an den Shop für die Dienstleistung oder Produkts zu zahlenden Betrages (also inklusive Steuern und Versandkosten!!!) zuzüglich USt.

- Vorteile
  - Anonymes Bezahlsystem (ohne Registrierung oder Vertragsbindung)
  - Zahlungsgarantie vom Betreiber
  - Keine Kreditkartendaten müssen bekannt gegeben werden
  - Keinen Code (PIN) - keine Buchungszeile am Konto
  - Keine Unterschrift

- Nachteile
  - noch sehr unbekannt

5.5 Firstgate

Rein internetbasiertes Zahlungssystem (keine zusätzliche Software) für Anbieter von Inhalten, die direkt von der Website vertrieben werden (Artikel, Recherchen, Infos, Software); Rechnungslegung und Zahlungseinzug über Bankeinzug, Kreditkarte oder Telefonrechnung durch Firstgate.
Weitere Info unter: http://www.firstgate.at

Das amerikanische Gegenstück dazu ist Paypal. Durch das Online-Auktionshaus Ebay auch in Europe bekannt geworden. Ist mit den Konditionen und Bestimmungen mit Firstgate zu vergleichen und wird daher nicht näher Beschrieben.

- Bedingungen & Kosten:

Keine - einmalige Anmeldung. Preis für die Anmeldung € 49,-. Monatlicher Grundpreis € 5,-. Servicegebühr pro Transaktion. € 15%

- Vorteile:
  - Keine Downloadbelastung - files liegen auf Firstgate-Server

Nachteile:

- Kunde muss sich registrieren lassen (Hemmschwelle)
- Für den Betreiber teuer!

5.6 Paybox

Zahlen mit dem Handy. Im Internet wählt der Käufer als Zahlungsoption „pay-box“ aus und gibt seine Mobiltelefon-Nummer ein. Der Käufer gibt die Transaktion durch Eingabe seiner paybox PIN frei. Die paybox austria AG zieht das Geld per Lastschriftverfahren ein und leitet es an den Internet-Händler weiter. Paybox funktioniert mit allen Mobilnetzen (A1, T-Mobile, telering, One, Drei, Tele2Mobil).

Weitere Info unter: http://www.paybox.at/

Bedingungen & Kosten

Keine - einmalige Anmeldung. Preis für die Anmeldung € 49,-. Servicegebühr pro Transaktion. 2%, Jährliches Supportentgeld: € 100,- (zur Zeit 1. Jahr gratis)

Vorteile

- spricht junge Zielgruppe an (Jugend bis Junggebliebene)
- Zukunftsweisende Zahlungsmöglichkeit - jeder hat ein Handy

Nachteile

- Kunde muss sich registrieren lassen (Hemmschwelle)

5.7 Klassische Zahlungsarten

Da die klassischen Zahlungsarten für die Internetgeneration zwar möglich aber nicht mehr üblich sind, möchte ich sie nur kurz der vollständigkeitshalber erwähnen. Beide Zahlungsarten sind für unser Unternehmen antiquiert.

Nachnahme:

Bezahlt wird Zug um Zug gegen Erhalt der Ware. Setzt Vertrauen des Verkäufers voraus und ist relativ teuer.

Vorauskasse:

Der Käufer übermittelt zunächst den Kaufpreis per Scheck oder Überweisung, die Ware wird erst nach Einlösung des Schecks oder Erhalt der Überweisung ausgeliefert. Setzt Vertrauen des Käufers voraus.

6 Quellen

Broschüren:

Mader, P. und Janisch, S. (2002). E-Business. Wien. LexisNexis.
VISA Austria. (2004). Online VISA Akzeptanz.
Handig, Mag. Christian (2004). E-Commerce: Recht im Internet. WKO Österreich

Internetquellen:

http://www.internet4jurists.at
http://www.medien-recht.com
http://www.e-zentrum.at
http://portal.wko.at/portal.wk

MULTIMEDIA 2

Rechteabklärung für eine Website

von David Auner

Aufgabenstellung:

Dein Kunde ist Herausgeber einer Jugendzeitschrift. Er ersucht dich um Erstellung einer Website. Im Rahmen dieser Site sollst du einen kurzen Werbefilm in Form einer Animation erstellen, die mit einem aktuellen Hit deiner Wahl unterlegt werden soll. Der Kunde möchte, dass du diese Animation so gestaltest, dass sie in der Folge auch als Werbeeinschaltung über verschiedene Fernsehanstalten ausgestrahlt werden kann. Gleichzeitig möchte er jeden Monat ein Starfoto so veröffentlichen, dass es in halbwegs guter Qualität ausgedruckt werden kann.
Aufgaben:

- Überprüfe, unter welchen Voraussetzungen es möglich ist, die Animation mit einem Hit zu unterlegen, - unter Bedachtnahme darauf, dass diese auch ausgestrahlt werden soll-, und die Fotos zu veröffentlichen. Die Werke sind von dir frei wählbar.
- Halte kurz fest, welche Rechte du damit in Anspruch nimmst, und wessen Zustimmung einzuholen ist. Stelle die Wege zur Rechteeinholung kurz dar.
- Gestalte die Arbeit so, als wäre sie direkt an den Auftraggeber in Form einer Projektbesprechung gerichtet. Mach dort Alternativvorschläge wo du meinst, dass es eine billigere oder weniger aufwändige Variante gibt.

1 Einführung Projekt „sonic“

Auf den folgenden Seiten geht es um die Klärung der Rechtslage und Abschätzung der Kosten für das Projekt „sonic“. Hierbei handelt es sich um die Website eines Jugend-Musikmagazins. Konkrete Elemente die hier behandelt werden sind die Unterlegung der Intro-Animation mit einem aktuellen Titel der Populärmusik sowie die spätere Verwendung der Animation als Fernsehwerbespot und die monatliche Veröffentlichung eines Star-Fotos zum selber Ausdrucken. Vorab zur Übersicht noch einmal die Anforderungen für das Projekt:

Flash-Animation

In die Website soll eine Flash-Animation integriert werden, es wird davon ausgegangen, dass es sich hier um ein Intro handeln wird. Diese soll mit einem aktuellen Hit der Populär-Musik unterlegt werden. Im späteren Verlauf des Projekts soll die genannte Animation auch als TV-Spot ausgestrahlt werden. Vorab wird davon ausgegangen, dass die Länge der Animation ca. 30 Sekunden beträgt. Die Herstellungskosten für die Animation werden auf ca. € 5 000,- geschätzt. Soll diese Animation über einen Zeitraum von 14 Tagen in ORF 1 und ORF 2 so laufen, dass vor allem Jugendliche erreicht werden beträgt der durchschnittliche Sekundenpreis pro Ausstrahlung € 250,-. Überschlagsmäßig ergeben sich daraus Gesamtkosten für die Schaltung von rund € 300.000,-. Da dieser Preis auch von den Verhandlungen mit dem ORF abhängt, kann dieser variieren. Daraus ergibt sich für die Schaltung des Spots ein Bruttomediabudget von ca. € 300 000,- inklusive Produktion und Ausstrahlung.

Star-Foto

Auf der Website soll monatlich ein Star-Foto veröffentlich werden. Dieses soll so verfügbar sein, dass User es herunterladen und ausdrucken können. Um es ausdrucken zu können, sollte das Foto in guter Qualität vorliegen. Im Folgenden werden die Rechtslage und die notwenigen Nutzungsrechte und Entgelte anhand oben stehender Gliederung geklärt. Im Anhang folgt eine Tabelle mit einer zusammenfassenden Übersicht über die Kosten.

2 Musik zur Unterlegung der Animation

2.1 Urheberecht und AKM

Da es sich bei einem aktuellen Hit in der Regel um ein Werk im Sinne des Urheberechtes handelt, ist mit der zuständigen Verwertungsgesellschaft, - in Österreich ist dies die AKM -, Kontakt aufzunehmen. Diese nimmt die Rechte der Komponisten, Textdichter und Musikverleger wahr. Die entsprechenden Entgelte für die die Nutzungsrechte an der Komposition sind bei der AKM in Erfahrung zu bringen.

Die AKM nimmt die Einhebung der Entgelte für die Nutzungsrechte vor. Diese Rechte sind u.a. das Vervielfältigungsrecht, das Verbreitungsrecht, das Senderecht oder das Ausstellungsrecht. Für die Nutzung im Internet wurde ein neues Verwertungsrecht eingeführt: das Recht der „öffentlichen Zurverfügungstellung“. Dies war nötig, weil die bisherigen Verwertungsrechte inhaltlich dieser Art der Nutzung, wie etwa dem Upload im Internet nicht entsprachen.

Für dieses Projekt wird also das Recht zur „öffentlichen Zurverfügungstellung“ beansprucht, dem entsprechend sind Entgelte für dieses Nutzungsrecht zu entrichten. Im Falle einer Website richten sich diese Entgelte nach der Anzahl der monatlichen Zugriffe und dem Zweck der Musik. Dient die Unterlegung einer Website mit Musik der Verkaufsförderung, so ist ein höheres Entgelt zu entrichten. In Falle dieses Projekts ist dieser Zweck der Verkaufsförderung nicht gegeben. Einige Tarifbeispiele sind untenstehender Tabelle zu entnehmen. Im vorliegenden Fall wird von 100 000 Zugriffen pro Monat ausgegangen. Daraus folgt ein Entgelt von € 2.180,18.

Da darüber hinaus geplant ist, die Animation als Werbeeinschaltung im Fernsehen zu verwenden, wird auch das Senderecht in Anspruch genommen. Allerdings obliegt es hier der Sendeanstalt aufgrund ihres Vertrages mit der Verwertungsgesellschaft die nötigen Entgelte zu zahlen.

Anzahl der Zugriffe	Verkaufsförderung	Entgelt exkl.MwSt	Entgelt inkl.MwSt.
1.000	nein	21,80 €	26,16 €
2.000	nein	43,60 €	52,32 €
5.000	nein	109,84 €	131,81 €
10.000	nein	218,02 €	261,62 €
50.000	nein	1.090,09 €	308,11 €
100.000	nein	2.180,19 €	2.616,23 €
1.000	ja	72,67 €	87,20 €
2.000	ja	218,02 €	261,62 €
5.000	ja	218,02 €	261,62 €
10.000	ja	363,36 €	436,03 €
50.000	ja	1.816,82 €	2.180,18 €
100.000	ja	3.633,64 €	4.360,37 €

Quelle: Website der AKM - http://www.akm.co.at

2.2 Leistungschutz und Plattenfirma sowie Künstlermanagements

An der fraglichen Aufnahme sind nicht nur jene beteiligt, die eine Urheberschaft bzw. Miturheberschaft an jenem Werk geltend machen können, sondern auch Musiker oder Sänger, die im Sinne des Leistungsschutzrechts Anspruch auf Entschädigung haben. Dies betrifft z.B. einen Gitarristen, der nicht beim Komponieren des Werks, sondern nur an dessen Aufführung beteiligt war. Daneben haben auch die Tonträgerhersteller, d.h. die Plattenfirmen eigene Leistungsschutzrechte hinsichtlich der von ihnen hergestellten Tonträger.
Die Freigabe der Tonaufnahmen und somit der Wahrung der Rechte der ausübenden Künstler obliegt in der Regel der jeweiligen Plattenfirma.

Diese Freigabe der Plattenfirma setzt voraus, dass folgendes bekannt bzw. vorhanden ist:

- der Musiktitel
- der Künstler
- eine Beschreibung des Spots bzw. des Produkts
- der Nutzungszeitraum
- der geografische Raum der Nutzung

- die Medien z.B. Radio, TV, Internet, Print
- und das Brutto-Mediabudget

Aufgrund dieser Daten berechnet die Plattenfirma die fälligen Entgelte. Als Grundlage dient in der Regel das Brutto-Mediabudget, der Tarif beträgt üblicherweise 3 bis 5 Prozent desselben. Wie hoch der Prozentsatz der Abgabe auffällt, hängt vom der Bekanntheit des Künstlers, dem zu bewerbenden Produkt sowie dem Zeitpunkt und der Dauer der Kampagne ab.

Des Weiteren müssen sowohl der Künstler bzw. das Management des Künstlers und der Musikverlag der Verwendung der Tonaufnahme zustimmen. Dies bedarf üblicherweise einiger Wochen. Die zur Freigabe nötige Zeit hängt stark vom beworbenen Produkt ab, in vorliegenden Fall die Homepage. Vor allem wenn es sich um problematische Produkte handelt, wie z.B. Tabakwaren, kann die Genehmigung lange dauern oder wird häufig verweigert werden. Im Fall des Projekts „sonic“ kann jedoch davon ausgegangen werden, dass die Genehmigung aufgrund des problemlosen Produkts schnell erteilt wird.
Am besten wäre bei dem vorliegenden Projekt die Verwendung eines bekannten nationalen Stars, in unserem Beispiel fiel die Wahl auf Christina Stürmer aus „Starmania“. Der Vorteil hier liegt vor allem an der Erreichbarkeit der zuständigen Labels und des Musikverlags. Außerdem ist zu erwarten, dass diese Künstler und deren Vertragspartner an eine weiteren Verbreitung und Nutzung ihrer Werke Interesse haben. Dadurch ist es wahrscheinlich, dass sie den Medien nicht durch etwaige Verbote Steine in den Weg legen, wie dies oft bei extrem bekannten internationalen Interpreten vorkommen kann.

Weiters ist es bei jungen, aufstrebenden Interpreten oft möglich, durch Cross-Promotion günstige Konditionen auszuhandeln. Das bedeutet, dass das Management des Künstlers in dem Werbeeinsatz seines Klienten eine mögliche Imagesteigerung sieht und aus diesem Grund den Preis für die Nutzungsrechte senkt. Ob dies argumentiert werden kann, liegt am Verhandlungsgeschick des Kunden und der jeweiligen Situation des Stars und der Plattenfirma.

In diesem Fall würde laut Auskunft bei Universal Music Austria, der zuständigen Plattenfirma, zwischen 2 und 4 Prozent des Brutto-Mediabudgets als Gebühr anfallen.

Es ist jedoch eine Mindestgebühr von € 1 000,- zu entrichten. Generell kann davon ausgegangen werden, dass die Nutzung eines Songs in einem Flash-Intro laut Universal Music Austria zwischen 1 000,- und 10 000,- per anno kostet. Dieses Angebot ist jedoch die reguläre Variante. Eventuelle Cross-Promotion-Angebote müssten noch verhandelt werden.

Diese Kosten belaufen sich jedoch nur auf die Verwendung des Songs in der Homepage. Bei der weiteren Verwendung der Animation als Werbespot im ORF entstehen weitere Gebühren. Bei einem Werbespot hängt das Brutto-Mediabudget vor allem von der Dauer der Einschaltungen und den geschalteten Zeiten ab. So kostet die Prime-Time in den Sommer-Monaten deutlich weniger als im Winter, weil hier auch die Seherzahlen sinken.

Ausgehend von oben genannten Annahmen bedeutet dies für „sonic", dass sich aus dem Bruttomediabudget von € 300 000,- ein Nutzungsentgelt zwischen € 6 000,- und € 15.000,- ergibt.

2.3 Persönlichkeitsrecht

Zusätzlich zu den oben genannten Rechten der Künstler und zu entrichtenden Nutzungsentgelte sei hier noch das Persönlichkeitsrecht des Künstlers erwähnt. Je nach Künstler und Aufnahme kann bei der Verwendung des Tonmaterials das Persönlichkeitsrecht des Künstlers berührt werden. Die Entgelte für die Nutzung dieses Rechts sind in den Abgaben an die Plattenfirma enthalten. Gerade die Verbindung mit Film oder Bildern (Synchronisation) greift in das Urheberpersönlichkeitsrecht ein, weshalb auch eine gesonderte Zustimmung dafür erforderlich ist.

2.4 Alternativen

Kann man darauf verzichten, einen aktuellen Pop-Hit zu verwenden, bleibt auch die Möglichkeit einen Archivmusikverlag zu kontaktieren und aus den oft sehr reichhaltigen Archiven einen Titel auszusuchen. Diese Methode führt in der Regel zu vergleichsweise sehr günstigen Ergebnissen, fraglich ist aber, ob damit das gewünschte Ziel bzw. der angestrebte Werbeeffekt erzielt werden kann. Eine weitere, allerdings nicht unproblematische Alternative ist es, einen Komponisten zu beauftragen, der am gewünschten

Werk „vorbeikomponiert“ d.h. ein neues Werk schafft, das zwar so ähnlich klingt wie die Vorlage, sich aber im Sinne des Urheberechts deutlich davon unterscheidet. Dieses Werk wird dann mit Musikern aufgenommen und dieser Tonträger verwendet. Somit entfallen hier die Entgelte für die Nutzungsrechte im Sinne des Leistungsschutzes sowie des Urheberrechts. Dafür kommen jedoch die Honorare für den Komponisten, die Musiker und die Aufnahme-Techniker sowie die Kosten für die Aufnahme hinzu. Diese Methode wurde in der Vergangenheit zwar mit unterschiedlichem Erfolg angewandt, aufgrund der möglichen Kosten und Konsequenzen im Falle eines zivilrechtlichen Verfahrens und der Rechtsprechung wird jedoch davon abgeraten, diesen Weg einzuschlagen.

3 Star-Foto

3.1 Rechtslage

Personen besitzen im Allgemeinen ein Recht am eigenen Bild. Eine Veröffentlichung eines Bildes einer Person ist dann nicht zulässig, wenn dadurch „berechtigte Interessen des Abgebildeten oder, falls er gestorben ist, ohne die Veröffentlichung gestattet oder angeordnet zu haben, eines nahen Angehörigen verletzt würden“ (UrhG §78 Abs. 1).
Personen die aufgrund ihrer Tätigkeit in der Öffentlichkeit stehen, diese suchen oder an denen ein öffentliches Interesse besteht (z.B. Künstler, Politiker), müssen allerdings die Veröffentlichung von Bildern, die sie in den typischen und interessierenden Zusammenhängen abbilden, dulden. Eine derartige Veröffentlichung verletzt nicht deren Interessen und bedarf daher keiner gesonderten Zustimmung. Diese Situation ändert sich natürlich dort, wo das Bild etwa zur Werbung für ein bestimmtes Produkt verwendet wird.

Auch bei herkömmlichen Fotos handelt es sich um Werke im Sinne des Urheberrechts, daneben ist ein solches Werk aber jedenfalls durch den Leistungsschutz geschützt, weshalb dem Lichtbildersteller Entgelt für die Nutzungsrechte zusteht.

Um in Besitz dieser Nutzungsrechte zu kommen bieten sich einige Möglichkeiten.

3.2 Variante 1 - Bildagenturen

Variante 1 besteht darin, eine Bildagentur zu kontaktieren, die ein Bild des fraglichen Stars in ihrem Archiv hat. Im vorliegenden Beispiel, der Verwendung eines Fotos von Christina Stürmer, verwaltet die Bildagentur „Contrast“ die Rechte für ein Lichtbild der Sängerin.

Um die Abbildung auf einer Homepage zu verwenden sind folgende Abgaben zu entrichten:

Verwendungsdauer	Entgelt exkl.MwSt	Entgelt inkl.MwSt.
ein halbes Jahr	80,00 €	96,00 €
ein Jahr	110,00 €	132,00 €

Quelle: Contrast Photo GmbH, A-1070 Wien, Schottenfeldgasse 51

Die oben genannten Abgaben sind pauschal und nicht von der abgebildeten Person, der Größe oder dem Inhalt des Bildes abhängig. Dies betrifft jedoch nur und ausschließlich die bildmäßige Verwendung auf der Homepage. Eine Zurverfügungstellung zum Download und Ausdruck ist laut Auskunft der Agentur generell nicht möglich. Dies wird damit begründet, dass es unmöglich ist, die daraus folgende Verbreitung des Bildes zu bestimmen und damit den Betrag der Entgelte zu errechnen. In diesem Fall hat die Agentur bereits die nötigen Entgelte entrichtet und die Nutzungsrechte erworben. Es muss also nicht separat um Nutzung der Rechte angesucht werden.

3.3 Variante 2 - Vertrag mit dem Label

Eventuell besteht die Möglichkeit, unter Umgehung einer Agentur oder eines Bildverlages direkt mit dem Label oder Management des Künstlers Kontakt aufzunehmen und über die notwenigen Nutzungsrechte zu verhandeln. Viele Firmen haben für solche Zwecke eigene Presseabteilungen, die zu Promotionzwecken oder für redaktionelle Beiträge Bilder auch unentgeltlich zur Verfügung stellen.

3.4 Variante 3 - Eigenes Shooting mit dem Star

Als dritte Variante wäre es in hier möglich, selbst einen Fotografen zu beauftragen oder bei Vorhandensein der notwendigen Fähigkeiten das Bild selbst zu machen und somit selbst in Besitz der gesamten Nutzungsrechte am Bild zu kommen. Doch auch hier bleibt fraglich, ob das Management des Künstlers und der Künstler selbst die Zustimmung zu einem Shooting geben. Im Falle der Christina Stürmer sollte es durchaus möglich sein, das Shooting zu bekommen. Hinzu kommt, dass es schwieriger ist, ausländische Künstler zu bekommen und der Bestand an bekannten inländischen stark begrenzt ist.

Die Produktionskosten für ein eigenes Shooting belaufen sich schätzungsweise auf 1.000 ,- €. In dieser Schätzung sind Fotograf, Material und Verarbeitung inkludiert. Die anfallenden Gebühren für das Shooting und die Nutzungsrechte am Bild sind mit der Plattenfirma bzw. dem Künstler oder dessen Management gesondert zu klären und Verhandlungssache.

3.5 Kostenübersicht

Zusammenfassung der Kosten:

Animation	
Produktion	5.000,00 €
Entgelte Leistungsschutz	k. A. sind auszuverhandeln
Entgelte Urheberrecht AKM	2.200,00 €
Synchronisationsrechte	k. A. sind auszuverhandeln
Kosten Animation Internet	8.700,00 €
Kosten Ausstrahlung	300.000,00 €
Kosten Animation gesamt	**308.700,00 €**

Star-Foto	
Variante 1: Agentur-Foto	
Gebühren Contrast Fotoagentur	80,00 €
Summe Variante 1	**80,00 €**
Variante 2: Bild von Label/Management	
Entgelte für Nutzungsrechte	k. A.
Summe Variante 2	**k. A.**
Variante 3: Eigenes Shooting	
Produktionskosten Shooting	1.000,00 €
Entgelte für Nutzungsrechte	k. A.
Summe Variante 3	**k. A.**

Anmerkung für Varianten 2 und 3:
Entgelte für die Nutzungsrechte sind Verhandlungssache und nicht kalkulierbar.

MUSIK 3

Die Gründung eines Labels

von Stefan Lainer

Aufgabenstellung:

Die folgenden Seiten sollen den Mitgliedern zweier Bands, die zum Zwecke der Veröffentlichung und des Verkaufs respektive Vertriebs eigenproduzierter Audio-CDs mit selbstkomponierten, -gespielten und -aufgenommenen Musiktiteln im Stil „Nu-Metal" ein eigenes Unternehmen gründen wollen, eine Anleitung sein, die einerseits einen möglichen Weg zur Erreichung ihrer Ziele und andererseits alternative Vorgehensweisen auf dem Weg dorthin aufzeigen soll.

Die folgende Arbeit beschäftigt sich mit der Herausforderung der Label-Gründung zum Zweck des Vertriebs von Audio-CDs mit selbstgeschaffenen Inhalten, mit den entsprechenden rechtlichen Hintergründen, den Vertriebswegen und Kosten und etwaigen Alternativen zur empfohlenen Vorgehensweise mit den jeweiligen Vor- und Nachteilen.

Um überhaupt die eigenen oder auch fremde Produktionen in größeren Stückzahlen am Markt anbieten zu können, bedarf es einer Unternehmensform, im Musikbusiness hat sich die Bezeichnung „Label" für eine solche Firma etabliert.

1 Die Labelgründung

Definition „Label“

Unter einem Label versteht man ein früher als Schallplatten-, mittlerweile eher als Tonträgerfirma bezeichnetes Unternehmen. Grosse Vertreter dieser Gattung sind auch unter der Bezeichnung „Major Label“ bekannt, was vom Markenetikett der betreffenden Firmen herrührt, die früher Schallplatten und danach CDs gekennzeichnet haben, wobei unter einem Firmennamen oft auch mehrere verschiedene Labels zusammengefasst werden.

Die eigene, in diesem Fall mit Mitmusiker-Freunden gegründete Firma ist also ebenfalls ein „Label“, wenn auch sicher (noch) kein „Major“.

Antrieb zur Gründung eines eigenen Unternehmens ist meist der Umstand, dass in der vorhandenen Industrie kein geeigneter Partner gefunden werden kann, oder dass das Vertrauen nie groß genug geworden ist, um sich auf eine Partnerschaft einzulassen, oft entsprechen auch die Angebote, wenn sie überhaupt kommen, nicht den Erwartungen.

Also macht man es - wie in diesem Beispiel - MAZ-Records, selbst.

Mehrere Unternehmens-Rechtsformen bieten sich an:

Zuallererst die Gesellschaft nach bürgerlichem Recht (GesbR), formlos ohne Anträge zu gründen bietet sie aber auch keine zwingend vorgeschriebene Struktur, was spätestens im Falle von internen oder externen Problemen zu einem klaren Nachteil wird.
Eine in diesem Sinn strukturierte Rechtsform, die mit den finanziellen Möglichkeiten von typischen Bandmitglieder meist noch vereinbar ist, weil zu Beginn keine Mindesteinlagen zu tätigen sind, ist die OEG, die Offene Erwerbsgesellschaft. Sie wurde speziell für die Ausübenden in den freien Berufen geschaffen, alle Gesellschafter sind vertretungsbefugt, haften aber auch mit dem vollen Privatvermögen. Außerdem muss eine OEG beim örtlichen Firmenregister angemeldet werden.

Eine Band in Form einer OHG (Offene Handelsgesellschaft) oder KG (Kommanditgesellschaft) zu gründen ist nicht möglich, da hierzu der Betrieb eines Handelsgewerbes zwingende Voraussetzung ist.
Möglich ist auch, eine Band in Form einer GmbH (Gesellschaft mit beschränkter Haftung) zu errichten. Die GmbH ist eine Kapitalgesellschaft. Die Gesellschafter haften für die Verbindlichkeiten der Gesellschafter nicht persönlich, sondern es haftet die GmbH als juristische Person. Eine GmbH kann zu jedem gesetzlich zulässigen Zweck durch eine oder mehrere Personen errichtet werden. Der Gesellschaftsvertrag bedarf aber der notariellen Form. Die Gesellschaft braucht außerdem ein Stammkapital von mindestens € 35.000,-, was für die Mitglieder von MAZ-Records nicht leistbar ist. Damit schließt sich diese Unternehmensform für Jungunternehmer oft aus.

In diesem Beispiel gehen wir damit von einer GesbR, gebildet aus allen beteiligten Musikern, aus, die rechtlich schon beim Zusammenschluss zu einer Band entsteht, meist sogar ohne dass die Mitglieder das ausdrücklich besprechen. Die Haftung verhält sich wie bei der OEG, alle haften mit dem persönlichen Vermögen. Es müssen aber nicht alle Musiker zu Gesellschaftern der GesbR werden, auch der Status des „Gastmusikers“ ohne Beteiligung ist möglich.

Sinnvollerweise sollten bandintern entsprechende Verträge abgeschlossen werden, da die Bestimmungen des ABGB, die die Rechtsform der GesbR (§§ 1175 ff ABGB) regeln, sehr allgemeiner Natur sind. So ist lediglich festgehalten, dass (mangels abweichender Vereinbarung), Rechte und Pflichten der Gesellschafter gleich sind, nur die Beteiligung an Gewinn und Verlust orientiert sich am Verhältnis der Kapitalbeiträge der einzelnen Mitglieder. Es empfiehlt sich daher sehr, von Beginn an die einzelnen Rechte und Pflichten der Mitglieder zu regeln, aus Gründen der Beweisbarkeit sollte dies auch schriftlich festgehalten werden.

In unserem Fall entsteht damit die Situation, dass zwei GesbRs in Form der beiden Bands, eine weitere GesbR zum Zweck des Betriebs eines Labels mit dem Namen „MAZ-Records“, zu gründen sind. Es ist daher bei dem Vertrag über das Label auch darauf zu achten, dass die Rechte und Pflichten der Mitglieder der beiden Bands berücksichtigt werden und es zu keinen Widersprüchen zwischen dem Vertrag der Band und dem Labelvertrag kommt.

Vertretungsbefugt sind alle Gesellschafter der GesbR, also alle Bandmusiker, sinnvoller weise sollte aber bandintern jeweils ein Vertreter nominiert und mit den entsprechenden Vertretungsrechten ausgestattet werden, de facto sollte MAZ-Records also von 2 Gesellschaftern nach außen vertreten werden.
Personengesellschaften, wie die GesbR, unterliegen weder der Einkommensteuer noch der Körperschaftssteuer. Da sie keine eigene Rechtspersönlichkeit hat, ist das „Steuersubjekt" immer nur jeder einzelne Gesellschafter einer solchen Personengesellschaft. Außer im Rahmen der Umsatzsteuer. Hier ist die GesbR „Steuersubjekt".
Damit der Gewinn der Gesellschaft der Besteuerung zugeführt werden kann, wird der Gewinn der Gesellschaft festgestellt und den beteiligten Gesellschaftern (entsprechend dem Gesellschaftsvertrag)zugerechnet.

Durch den Verkauf der CDs wird eine gewerberechtliche Tätigkeit ausgeübt, es muss daher auch ein Gewerbeschein bei der zuständigen Gewerbebehörde beantragt und bewilligt werden, denn der Handel mit Tonträgern ist kein freies Gewerbe.

Sobald die GesbR aus den Einnahmen der Verkäufe der Tonträger, oder Konzerten usw. Einnahmen Konzerten erzielt, müssen diese auch beim Finanzamt gemeldet werden. Der Gesellschafter erhält eine Steuernummer und muss (wenn kein Befreiungsgrund vorliegt) entsprechend seinen Umsätzen Umsatzsteuer abführen. Umgekehrt kann die im Rahmen beruflicher Ausgaben bezahlte Umsatzsteuer vom Finanzamt zurückgefordert werden. Praktischerweise wird diese gleich von der abzuliefernden Umsatzsteuer abgezogen (Vorsteuerabzug). Das gibt der Band auch die Möglichkeit, alle Ausgaben die im Rahmen der musikalischen Tätigkeit passieren, beim Finanzamt geltend machen zu können.
Liegen die Jahresumsätze unter 22.000,- € (Stand 2005) dann ist man jedoch als Kleinunternehmer von der Umsatzsteuer befreit. Das bedeutet, man braucht keine abliefern (aber natürlich auch nicht auf der Rechnung verzeichnen), kann aber gleichzeitig auch nicht den Vorsteuerabzug in Anspruch nehmen. Man kann aber auf diese Befreiung verzichten, und fällt dann auch als Kleinunternehmer unter die Umsatzsteuerpflicht. An diesen Verzicht ist man aber für die Dauer von 5 Jahren gebunden.

Nachdem in diesem Fall die GesbR aber gerade am Beginn erhebliche Ausgaben zu tätigen hat, sollte sie auch eine Steuernummer lösen um in den Genuss des Vorsteuerabzuges zu kommen. Dies kann zu Beginn sogar dazu führen, dass man mehr zurückbekommt (mehr Ausgaben), als man abführen muss (geringer Umsatz).

Daneben besteht natürlich für die einzelnen Gesellschaftsmitglieder die Pflicht zur Zahlung der Einkommenssteuer. Eine betriebswirtschaftlich nicht ernsthafte oder aus rein privaten Gründen aufrechterhaltene Tätigkeit fällt unter den Begriff der „Liebhaberei“ und stünde im Widerspruch mir einer (gewinnorientierten) Unternehmensabsicht. Dies hätte zur Folge, dass Verluste bzw. Ausgaben nicht mehr von der Steuer abgesetzt werden können. Entscheidend ist also immer, dass MAZ-Records dem Finanzamt die Ernsthaftigkeit der Gewinnerzielungsabsicht verdeutlichen kann.

Geplant sind also neben der Veröffentlichung zweier mit 2 Mitmusikern entstandener Produktionen noch 3 CDs als Produkte weiterer Musiker unter einem gemeinsamen Label, insgesamt sollen im Jahr also 5 CDs mit je 10 Stücken durchschnittlicher Länge auf den Markt gebracht werden, bei einer geplanten Erstauflage von 500 Stück pro CD.

Nachdem auch die Kompositionen der anderen beteiligten Musiker keine Cover- sondern nur Eigenkompositionen beinhalten, sollten alle beteiligten Musiker, so dies nicht ohnehin schon der Fall ist, Anmeldungen bei der AKM, der Verwertungsgesellschaft für Autoren, Komponisten und Musikverleger tätigen, um entsprechenden Schutz für ihre Kompositionen zu genießen. Außerdem können erst mit einer solchen Mitgliedschaft Vergütungen für Aufführung und Sendung z.B. im Rundfunk im Rückführungsweg von der AKM bezogen werden.

Die AKM verwaltet also in Vertretung ihrer Mitglieder die Rechte der Kompositionen.

Zusätzlich macht eine Mitgliedschaft bei der Austro-Mechana, der Verwertungsgesellschaft zum Schutz der mechanischen Vervielfältigungsrechte Sinn. Um eine Mitgliedschaft/Tantiemenbezugsberechtigung bei der AKM und der Austro Mechana zu erlangen, muss bereits eine Veröffentlichung vorliegen.

Außerdem sollte die Mitgliedschaft bei der LSG, der Gesellschaft zur Verwertung von Leistungsschutzrechten beantragt werden, sie schützt neben den Tonträgerherstellern die ausübenden Künstler ohne kompositorischen Anteil an den Werken.

Um nun das Label ins Leben zu rufen, bedarf es einer Anmeldung beim zuständigen Gewerbeamt bzw. Magistrat des Wohnortes.

Zuerst muss also das Gewerbe angemeldet werden, dann mindestens eine CD produziert und veröffentlicht werden. Die Presswerke benötigen für die Herstellung der CDs eine Freigabe der Austro Mechana. Dies dient dazu, um sicherzustellen, dass die Urheberrechte der Komponisten und Texter, deren Werke hierbei vervielfältigt werden, gewahrt bleiben. Für die Freigabe muss zunächst eine Produktionsanmeldung bei der Austro Mechana erfolgen. Sind die notwendigen Gebühren bezahlt, dann erteilt die Austro Mechana die Freigabe, und das Presswerk liefert die CDs an das Label aus.

Auf die CD muss in der Folge der Schriftzug „AUME“ (Austro Mechana) gedruckt werden, um zu dokumentieren, dass dieser Tonträger odnungsgemäß lizenziert wurde. Die Austro-Mechana stellt dafür auch Druckvorlagen zur Verfügung. Dies gilt grundsätzlich auch für Eigenkomposition. Es kann aber in solchen Fällen bei der Austro Mechana ein Verzicht auf die Lizenzgebühren beantragt werden.

Die Verrechnung der Rundfunkeinsätze in Österreich erfolgt über die LSG. In Deutschland wird zur Verrechnung der Sendelizenzen durch die GVL (Gesellschaft zur Verwertung von Leistungsschutzrechten) ein Labelcode (LC) vergeben. Dieser LC ist zwar nicht unbedingt notwendig, um z.B. im Radio gespielt zu werden, erleichtert aber gerade diesen Anstalten die Erfassung alle gespielten Titel und ist für Radiosender ein sinnvolles Instrument zur Titelverwaltung, viele Anstalten spielen auch CDs ohne LC gar nicht, weil sie in ihren moderne Datenbanken die Sortierung anhand dieses LC vornehmen, eine CD ohne LC ist also gerade für große, moderne Sender schwerer zu handhaben. Da viele kleinere Labels aber die strengen Aufnahmekriterien der GVL nicht erfüllen, empfiehlt sich oft die Zusammenarbeit mit einem Partner, der bereits GVL Mitglied ist, und über den der LC-Code bezogen werden kann.

Ist der Musikstil aber ohnehin sehr stark einer bestimmten Nische zuzuordnen, hat die CD wohl auch gute Chancen bei einem der noch per Hand programmierten Sender eingesetzt zu werden, die angesprochene Bedeutung des LC schwindet in so einem Fall wieder. Alternativ könnte auch der Verkauf der vielleicht auch noch selbstgebrannten CDs bei Konzerten der eigenen oder fremder Bands erfolgen, eine Gewerbeanmeldung entfällt in diesem Fall, weil die Tätigkeit noch dem eigenen künstlerischen Treiben zugerechnet wird, diese Form ist gerade am Beginn der geplanten Karriere eine Überlegung wert, um nicht gleich den großen Schritt zum eigenen Unternehmen oder höheren Ausgaben wagen zu müssen.

Je weniger Live-Konzerte oder Ähnliches mit entsprechenden Verkaufsmöglichkeiten allerdings absolviert werden, desto schneller muss man sich nach einem geeigneten Vertrieb umsehen, der die Vermarktung übernimmt.

Technische Voraussetzungen

Technische Voraussetzungen zur Veröffentlichung einer Musik-CD gibt es auch noch: es muss ein pressfähiges Master vorliegen das, um es als Audio-CD vervielfältigen lassen zu können, dem „Red-Book-Standard" entsprechen muss, dieser Standard legt die technischen Kriterien fest, die eine Master-CD als Vorlage für ein Presswerk erfüllen muss, hierzu gehören z.B., um nur die einfachsten zu nennen, die normierte Abtastrate und Auflösung einer Audio-CD von 44,1 kHz und 16 Bit. Abweichende Normen sind als Vorlage zur Erstellung einer Audio CD nicht akzeptabel, alternative Abgabeformate für ein Presswerk waren und sind DAT und U-Matic-Band, auch wenn letzteres wegen der hohen Hardware-Kosten kaum mehr üblich ist.

Aber auch Presswerke haben unterschiedliche Tarife, hier gilt es also ebenso, Vergleiche anzustellen um den besten Partner zur Vervielfältigung zu finden, oder die eigenen Brenner zu bemühen, immer unter der Voraussetzung, dass ein tatsächlich technisch taugliches Produkt erzeugt werden kann, das den potentiellen Käufer nicht vor Kompatibilitätsprobleme stellt.

Zur fertigen CD selber kommen dann auch noch die Druckvorlagen für Cover und Booklet, also Titelblatt und Druckeinlage im Inneren des CD-Gehäuses, hier muss genauso wie bei der Musik auf eventuelle Urheberrechtsverletzungen geachtet werden, um Fotos oder Designs fremder Künstler verwenden zu dürfen bedarf es also ebenso der Zustimmung des jeweiligen Urhebers.

Im Fall von „MAZ-Records“ werden die Master-CDs und ihren „Artworks“, also die Gestaltung der eingelegten Printmedien, selber erzeugt, die Master-CD geht samt Druckvorlagen als Vorlage an ein Presswerk mit angeschlossener Druckerei.

2 Rechtliche Grundlagen

Alle am Entstehungsprozess einer eigenständigen Komposition beteiligten Personen erwerben durch den Herstellungsprozess das Urheberrecht. Im Urheberrecht geht es darum, die „Eigentümlichkeit“, also die Unverwechselbarkeit des Werkes und die Rechte des Schaffenden hinsichtlich einer Veröffentlichung und ihrer Art zu schützen, und ihm auch die Möglichkeit zugeben, die finanzielle Verwertung seines Stückes zu steuern und davon zu profitieren.

Innerhalb einer Band wird es daher oft zu einer unterschiedlichen Rechtezuordnung kommen, etwa weil der Keyboarder der Komponist des Werkes und der Drummer der Texter ist, währen die anderen Bandmitglieder, die Komposition und den Text „bloß“ interpretieren, daher kein eigenes Werk schaffen. In diesem Fall stünden daher lediglich dem Keyboarder und dem Drummer Urheberrechte zu, während den anderen (und natürlich auch gleichzeitig dem Keyboarder und dem Drummer) Leistungsschutzrechte für ihre Darbietungen zustehen. Nur dann, wenn ein Bandmitglied, etwa der Bassist, bei der Komposition oder dem Text soviel beigesteuert hat, dass er damit auch den Charakter des Werkes eindeutig beeinflusst, wird auch er zum Urheber. In diesem Fall bestehen dann zwei gleichwertige (Mit)urheberrechter an der Komposition.

Im Falle von MAZ-Records sind aber alle Musiker jeweils einer Band zu gleichen Teilen Urheber und daher auch zu gleichen Teilen geschützt.

Dieses „geistige Eigentum“ ist zeitlich begrenzt. 70 Jahre nach dem Tod des (längstlebenden) Urhebers fallen alle Rechte daran der Allgemeinheit zu, die Werke W.A. Mozarts z.B. sind daher also mittlerweile von jedermann frei zu verwenden.

Das Urheberrecht ist allerdings nicht veräußerbar, eine wirtschaftliche Nutzung ist nur möglich durch die Einräumung von so genannten Verwertungsrechten, während die Urheberpersönlichkeitsrechte beim eigentlichen Urheber verbleiben (Werkschutz, Recht auf Namensnennung).

Musik ist außerdem bei uns auch in „kleinerer Münze“ geschützt, auch Schöpfer von Werken geringerer „Eigentümlichkeit“ (z.B. in der Schlagerbranche) genießen den Schutz des Urheberrechts, im Gegensatz zu z.B. der Malerei muss man kein „halbes Genie“ sein.

Auch die Texte sind dementsprechend geschützt.

Die Verwertungsrechte im Rahmen des Urheberrechts ermöglichen MAZ-Records, Kapital aus den eigenen Schöpfungen zu ziehen, dazu gehört das Recht zur:

- Vervielfältigung
- Verbreitung
- Vermietung
- Öffentlichen Zurverfügungstellung (Internet)
- Sendung und
- Vortrag, Aufführung und Vorführung

bzw. die beschränkte oder unbeschränkte Weitergabe dieser Rechte an Dritte, wie z.B. eine Radioanstalt zur Sendung. Dies geschieht in Form von Nutzungsverträgen.

MAZ-Records könnte z.B. einen Vertrag mit einem Musikverlag („Plattenvertrag“) planen, der sich dann auch um den Vertrieb der CDs kümmern soll, dazu aber später unter dem Punkt „Vertrieb“.

Wenn die produzierten CDs ein spezielles Design aufweisen, die CDs also z.B. eine besondere, schöpferisch-eigenständige (nicht-runde) Form aufweisen oder am Cover oder im Booklet entsprechend originäre Designs vorkommen, kann auch der Musterschutz zur Anwendung kommen. Dies ist im Bereich der Musik-CD-Produktion allerdings eher selten und bei den Produkten von MAZ-Records auch nicht der Fall, das „Artwork" besteht hier in den musikalischen Inhalten und den beigefügten Printmedien und wird daher wie besprochen geschützt.

Namens- und Markenschutz kommen zur Anwendung, um den Label-Namen „MAZ-Records" und seinen signifikanten Schriftzug (Markenschutz) zu schützen.

Da das aufgrund des noch zu kreierenden aber sehr speziellen Schriftzugs und des einzigartigen Namens argumentierbar ist, um Name und/oder Marke gegen Kopie zu schützen und damit ihre Unterscheidbarkeit im Markt zu gewährleisten, macht dieser Schutz Sinn, dazu müssen Name und Schriftzug beim Patentamt als Marke angemeldet werden.

Der Schutz hält 10 Jahre, kann dann verlängert werden, gilt aber nur im betreffenden Segment des Marktes, also in diesem Fall gegenüber anderen Musiklabels.

Musiker (auch Gast- oder Studiomusiker), die für MAZ-Records nicht als Komponisten/Urheber tätig sind, genießen, weil ja nicht urheberrechtlich geschützt, Leistungsschutzrechte. Ihre Darbietungen/Interpretationen werden also ebenfalls, dem Urheberrecht verwandt, geschützt.

Zu ihren Verwertungsrechten gehören das Recht zur Verwertung:

- im Rundfunk
- auf Tonträgern
- durch öffentliche Zurverfügungstellung
- und das Recht zur öffentlichen Wiedergabe und Zurverfügungstellung.

Auch der Veranstalter eines Konzerts eines Mitglieds von MAZ-Records muss seine Zustimmung zur Aufnahme und Nutzung geben.

Der Leistungsschutz schützt außerdem im Falle von MAZ-Records und ihren Produkten (Audio-CDs) den Tonträgerhersteller (Produzent) und im Fall der Ausstrahlung die Sendeanstalten.

3 Der Vertrieb

Vorneweg gleich die Realität - es wird nicht leicht werden, in einen Vertriebsverbund hineinzukommen. Selbst vermeintliche Independent-Netzwerke, Vertriebe also, die sich nur um unterhaltungsmusikalische Nischen wie z.B. „Nu-Metal“ kümmern, sehen sich seit langem jeden neuen Labelpartner sehr genau an.

Das hat aber auch seine Berechtigung. Die Außendienstleute dieser „Indie“-Vertriebe können nur eine sehr begrenzte Anzahl von Titeln platzieren. Hier muss zwangsläufig auf Qualität denn auf Quantität gesetzt werden - aus eigenen Überlebensgründen. Grundsätzlich sollte sich MAZ-Records einmal darüber informieren, ob das Repertoire zum angepeilten Vertriebsverbund passen kann.

Dann will der Vertrieb wissen, wie viele Veröffentlichungen pro Monat oder Jahr geplant sind, damit auch über die erwartete Kapazitätsplanung gesprochen werden kann.

Empfehlenswert ist auf jeden Fall die Kontaktaufnahme vorab. Sei es per Telefon oder bei einem Branchenmeeting oder sonstigen Gelegenheiten, wo sich Labelleute zusammen finden.

Plattenfirmen in Österreich, soweit es sie überhaupt mit eigener Österreich-Verantwortlichkeit gibt (gerade die Majors bedienen von Deutschland aus oft den österreichischen Markt mit), bauen seit geraumer Zeit kaum noch Newcomer auf. Die meisten wollen nur noch das fertige Produkt kaufen - und dann möglichst schnell viele Abverkäufe machen. Das passiert in der Regel auf den Schultern der Künstler und Bands.

MAZ-Records setzen mit ihrem „Nu-Metal“-Stil ohnehin auf eine Nische im Markt. Darauf haben sich besonders kleinere Independentlabels spezialisiert. Diese haben aber meist selbst kaum oder nur begrenzt Etats. Deshalb gibt es dort überwiegend nur sogenannte Bandübernahmen. Was dann heißt: MAZ-Records produziert den Tonträger auf eigene Kosten und das Label publiziert diesen dann.

Aber auch Bandübernahmen werden nach Markttauglichkeit ausgesucht. Als Band sollte man sich daher schon einen beachtlichen Live-Status erspielt haben und beweisen können, dass man Publikum begeistern kann - Publikum, das dann auch die Tonträger kauft.

Eigenproduktionen mit 500er Kleinauflagen sind für Labelvertriebe prinzipiell uninteressant. Selbst die „Indie"-Vertriebe nehmen heute keine oder kaum mehr neue Labels auf. Und wenn, dann nur solche, die auch dem Vertriebsverbund einen monetären Schub nach vorne verschaffen. Sonst sind die Außendienstleute mit den Neuveröffentlichungen ohnehin überfüllt.

Die beste Verkaufschance für eine Band, die eine 500-Stück Eigenproduktion gemacht hat, ist und bleibt der eigene Merchandisingstand beim eigenen Live-Konzert.

Zum Plattenvertrag (Bandübernahme oder Künstlervertrag):

Die Plattenerlösbeteiligungen („Royalties" genannt) im Falle des Zustandekommens eines Vertrags mit einer Plattenfirma, vielleicht mit einem „Major Label", liegen bei unbekannten Künstlern normalerweise zwischen 4 und 9 Prozent (je nach Verhandlungsgeschick).

Berechnungsbasis ist üblicherweise die Summe aus 90 Prozent der verkauften Exemplare. Die restlichen Prozente werden für Retouren, Fehlpressungen etc. abgezogen. Die „Royalties" ergeben sich aus dem Verkaufspreis abzüglich Umsatzsteuer abzüglich Verpackungsabzüge. Eine Plattenfirma in der üblichen Rolle ist aber eigentlich nur für das Delivery, also die Auslieferung zuständig. Sie hat dafür zu sorgen, dass die Scheiben zum richtigen Zeitpunkt in der erforderlichen Anzahl in den Läden stehen. Für den „Rest" haben die Plattenfirmen in der Regel ihre eigenen Musikverlage. Ein Verlag ist meist vor den Plattenfirmen an der Entwicklung eines Künstlers beteiligt. Er arbeitet zusammen mit dem/den Autoren am Stil der/des Interpreten und versucht dann diese Produkte an die Plattenfirmen zu vermitteln. Und der Verlag versucht seinerseits, den/die Song/s an andere Künstler zu verkaufen bzw. auf anderen Tonträgern zu platzieren.

Auch im abrechnungstechnischen Teil kümmert sich der Musikverlag um Anmeldung, Abwicklung und Abrechnung (national wie international). Alternative ist die Gründung des eigenen Musikverlags. Somit würden MAZ-Records nicht nur die 30 Prozent Textdichter- und 30-Prozent Komponistenanteil, sondern auch noch der Rest zustehen, was im Hinblick auf die Ausschüttungen durch die Verwertungsgesellschaften interessant sein könnte.

Wichtig ist auch noch die ISRC-Nummer. Der ISCR ist eine zwölfstellige digitale Kennung von Tonaufnahmen. Die Besonderheit ist, dass er im Subcode digitaler Aufnahmen unhörbar mitgeführt wird. Die ISCR Nummer ist dann erforderlich, wenn die Aufnahmen per „Music on Demand" übers Internet oder über digitale Rundfunkstationen laufen.

Natürlich könnte MAZ-Records auch einen eigenen CD-Vertrieb betreiben, wenn dafür die Gewerbeberechtigung vorliegt. Die Frage ist nur, ob man damit ausreichend Kundschaft erreicht. Bei Kleinauflagen wie der geplanten und den dabei involvierten Künstlern, zeigt sich in der Regel, dass der Verkauf noch immer am besten bei den Gigs funktioniert.

Ein anderer Tipp ist, sich an vorhandene Mailorder-Strukturen anzudocken. Die sind meistens stilistisch sehr konzentriert ausgerichtet und erreichen daher um so besser die Klientel für die jeweilige Musikrichtung. Obwohl: die Vertriebschancen über das Internet sind nicht klar abzuschätzen.

Für Newcomer wie MAZ-Records sind Websites aber durchaus auch als Promotion-Plattform zu sehen. Die Schwierigkeit hier ist allerdings, die potentiellen Käufer zur Website zu bringen.

Überlegenswert wäre es auch, bei bestehenden Labels nach der Möglichkeit eines Sub-Labels mit Veröffentlichungsgarantie zu fragen. Diese „Joint-Ventures" haben den Vorteil, dass sie wesentlich näher am kreativen Trend arbeiten und sich auch wesentlich intensiver um die Künstler bemühen können. Dazu müsste man aber schon einige Referenzen aufweisen oder wirklich tolle Aussichten auf Abverkäufe vorweisen, um hier ggf. bei einem bestehenden Label auf Gegenliebe zu stoßen.

Einen eigenen Musikverlag zu gründen fällt ebenfalls nicht allzu schwer. Doch auch hier stellt sich wieder die grundsätzliche Frage nach den wirtschaftlichen Voraussetzungen bzw. der Langfristigkeit. Prinzipiell ist es nicht schlecht, wenn möglichst viel an Rechten der Autoren auch in deren Hand verbleibt. Aber Verlage arbeiten wegen der späten Abrechnungen der In- und Auslandstantiemen oftmals erst nach Jahren wirtschaftlich.

Der Schritt zu eine eigenen Label oder Verlagsgründung sollte also weniger eine Umgehungsstraße vorbei am eigenen uninteressanten Produkt sein sondern vielmehr erst dann beschritten werden, wenn das aus wirtschaftlichem Eigennutz Sinn macht. Und dazu gehört als Basis ein erfolgversprechendes Produkt.

4 Die Kosten

Folgend das Modell, das die typische Möglichkeit der Eigenproduktion und des Eigenvertriebs darstellt, Hauptvorteil hierbei ist die geringe finanzielle Belastung. Alternative Vorgehensweisen werden wie gehabt ebenfalls vorgestellt.

Produktion

MAZ-Records produzieren die Master-CDs zur Vorlage beim Presswerk selber, das heißt alle Schritte von der Pre-Production über die Aufnahmen, Mix, Editing und Mastering passieren alle im eigenen Tonstudio, das durch die ersten Jahre der Bandaktivitäten neben dem Proberaum der Bands entstanden ist.

Auch das grafische „Artwork“, also die Gestaltung von CD-Cover und Booklet übernehmen MAZ-Records selber.

Vervielfältigung

Von der Master-CD wird im Presswerk das sogenannte Pre-Master hergestellt. Im Einzelnen heißt dies, alle Titel werden in die richtige Reihenfolge gesetzt, Pausen werden auf digital null gebracht und jeder Titel sauber geschnitten. Die einzelnen Lieder werden digital normalisiert, d.h. auf der fertigen CD gibt es bei den einzelnen Titeln keine ungewollten Unterschiede in der Lautstärke und die lautesten Stellen erreichen die maximal mögliche Aussteuerung.

Die Künstler haben nach der Fertigstellung noch einmal die Möglichkeit die Pre-Master-CD abzuhören um evtl. Änderungen vorzunehmen. Danach wird mit der Herstellung des Glasmasters begonnen.

Die Glasmaster ist eine sehr sensible Scheibe mit einer sehr kurzen Lebensdauer. Die digitalen Informationen dieses Pre-Masters werden auf einer Glasplatte, mit Hilfe eines opto-galvanischen Vorgangs belichtet. Davon werden dann diverse positive und negative Abzüge gemacht.Von diesem Glasmaster wird nun eine Vorlage für die CD Produktion gezogen den sogenannten Stamper. Der Stamper ist ein Metall CD Rohling der nur einmal hergestellt werden muss. Der Kostenfaktor dieser Prozesse ist sehr hoch ist, braucht aber für eine Produktion nur einmal durchlaufen werden.

Ein CD Stamper bleibt in jedem Fall Eigentum des Kunden, wird aber meistens im Presswerk gelagert um bei Nachbestellungen die Aufträge schneller bearbeiten zu können.

Nachdem die CDs gepresst wurden sind, wird jede CD noch auf 100% Lauffähigkeit geprüft.

Druckerei

Hier unterscheidet man zwischen Siebdrucklithofilmen und Offsetlithofilmen. Der Siebdruckfilm wird für den Druck auf der CD selbst verwendet, der Offsetfilm dient als Vorlage für den Druck von Cover und Booklet und anderen Printmedien.

Je nach Vorarbeit, d.h. stammt das Cover aus eigener Hand oder wurde es extern entworfen, fallen hier noch einmal einige Kosten an.
Hinzu kommt der Umfang eines Booklets - 4, 8, 10 oder mehr Seiten, die Inlaycard sowie die Farbenzahl des Druckes und die Papier Qualität und nicht zuletzt die Jewelbox, das Gehäuse der CD.

Im Fall von MAZ-Records sind die Kosten geringer, da das „Artwork“ selbst erledigt wird und keine externen gestalterischen Arbeiten mehr erledigt werden müssen.

Achtung: meist gilt bei Drucksachen eine Mindestbestellmenge von 1.000 Stück!

Gebühren

Die bedeutendsten Kosten fallen im Bereich der Anwaltsleistungen an, um wie im Fall von MAZ-Records einen Gesellschaftervertrag zwischen allen Beteiligten erstellen zu lassen.

Außerdem bedarf es des Entwurfs neuer oder der Anpassung bestehenderer allgemeiner Geschäftsbedingungen, der AGBs. Soll die Unternehmensform einmal von der GesbR zu z.B. einer GmbH verändert werden, bedarf es ebenfalls eines Notars bzw. Rechtsanwaltes.

Die Anmeldung des Gewerbes („Herstellung von Tonträgern“) ist ebenfalls mit Kosten verbunden, die bei der zuständigen Gewerbebehörde erfragt werden können.

Weitere Kosten zum angeführten Procedere wie die für die AKM-Anmeldung liegen bei rd. € 75.- (Stand 2004), die außerdem nur einmal beim Eintritt eines neuen Mitglieds anfallen.

Die Austro-Mechana kennt keine „normale“ Mitgliedsgebühr, verrechnet allerdings für ihre Schutzleistungen 9% (Stand 2004) vom Händlerabgabepreis („HAP“, der Preis, den der Händler an den Hersteller pro Einheit bezahlt). Quelle: www.akm.co.at/akm/index.php

Die Mitgliedschaft bei der LSG kostet € 25.- (Stand 2004).

Promotion/Marketing

Eigenverantwortliche Promotion- oder Marketingaktivitäten von MAZ-Records abgesehen von Mundpropaganda und dem Verkauf der CDs bei

Konzerten (ohne anfallende Kosten) sind nicht geplant, daher entstehen hier auch keine speziellen Kosten.

„Start-Up" - Kostentabelle

Die Tabelle enthält die beim Start der Unternehmung anfallenden Kosten: Produktion entsprechend 5x12cm-Longplay-Audio-CDs mit je 500 Stück Auflage, bei Vorlage von Audio-Master auf CD und druckfertigen Filmen im Rahmen der gültigen Spezifikationen.

Die angeführten Beträge sind Erfahrungswerte und in der Regel individuell auszuverhandeln.

Titel	Kosten	Anmerkungen
Produktion		
Innenkosten Band:		
Verbrauchsmaterial	200,00 €	
Anzumietendes Equipment	1.000,00 €	
Sonstiges	300,00 €	
Vervielfältigung		
Kosten Presswerk	2.500,00 €	500,00 € pro 500 CD's
Druckerei		
Druckkosten	1.500,00 €	300,00 € pro 500 CS's
Porto/Verpackung	30,00 €	
Gewerbeanmeldung		
Gebühren	200,00 €	
AKM, Austro-Mechana, LSG	200,00 €	100,00 € pro Bandvertreter
Anwaltskosten		
Gesellschafter-Vertrag	1.000,00 €	
AGB-Entwurf/Anpassung	1.000,00 €	
Summe	**7.930,00 €**	

Alle Beträge exklusive Mehrwertsteuer!

5 Flussdiagramm Musikbusiness

Die Zusammenhänge im Überblick: ═══ = Vertragsbeziehung

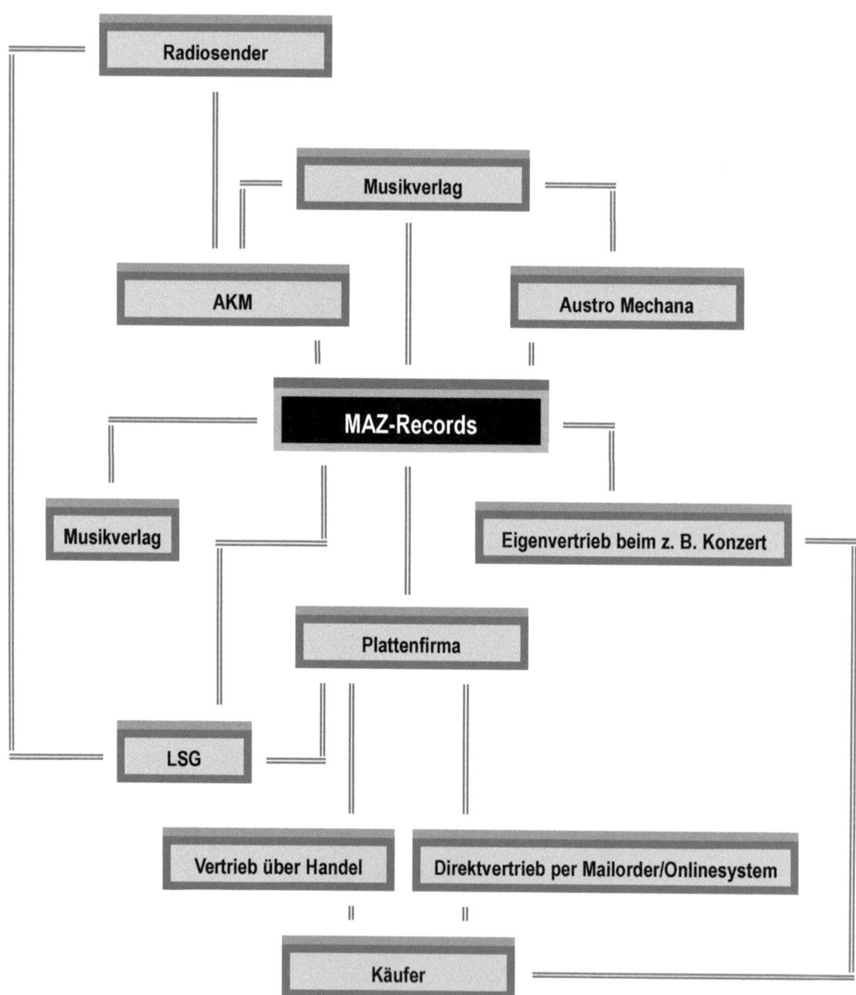

FILM 4

Rechtliche Planung eines Filmprojektes

von Bella Makagon

Aufgabenstellung:

Ein Kunde tritt an eine Produktionsfirma heran um einen Werbefilm in Auftrag zu geben. Es werden folgende Punkte vom Kunden festgesetzt:

- Kombination eines Comic- und Realfilms
- Das Recht zur Verwendung der Comicfiguren wurde vom Grafiker lose zugesichert.
- Ein bekannter Schauspieler stellt sich für max. 2 Drehtage um 50.000,00 € zur Verfügung
- Inhalt: Dialog zwischen dem Schauspieler und den Comicfiguren

Eine grobe Vorstellung des Auftraggebers anhand des Inhalts ist gegeben, doch fehlen noch das Drehbuch und die passende Musik. Bevor der Auftrag fix erteilt und angenommen werden kann, müssen mehrere rechtliche Punkte vertraglich abgeschlossen und überprüft werden. In diesem konkreten Fall werden

- der Produktionsvertrag
- der Vertrag mit dem Schauspieler
- der Vertrag mit dem Grafiker und
- die musikalische Untermalung

näher erläutert.

Zur Anwendung kommt das österreichische Recht.

Grundlage oder Bestandteil eines Vertrages bilden häufig Allgemeine Geschäftsbedingungen (kurz: AGB), die ein Unternehmen einmalig erstellt um sie in Folge für alle folgenden Verträge gelten zu lassen.

Auf den Bestand solcher AGBs ist im Vertrag ausdrücklich hinzuweisen und sind dem Vertragspartner vor Abschluss des Vertrages diese zur Verfügung zu stellen. Wird der Vertrag zwischen zwei Unternehmen geschlossen, die beide auf ihre AGBs verweisen möchten, gilt es diese auf Widersprüche bzw. Unvereinbarkeiten zu prüfen und ist im Vertrag gesondert zu regeln, wo von den AGBs abweichende Regelungen vereinbart wurden und welche Bestimmungen bei widersprüchlichen Regelungen Vorrang haben sollen.

1 Auftragsproduktionsvertrag

Die erste Bedingung für das Aufsetzen eines Produktionsvertrages ist die Prüfung der Rechtslage sowie der Praxis. Zu diesem Zweck empfiehlt es sich, die Allgemeinen Herstellungs- und Lieferbedingungen des Fachverbandes der Audiovisions- und Filmindustrie Österreichs für die Herstellung von Werbefilmen vom 1. Juni 1999 (http//www.fafo.at/download/Herstellu-LieferbedWERBEFILM.pdf - Stand: 2. Sep. 2004) heranzuziehen.

Da sich die Handhabung in der deutschen und österreichischen Medienwirtschaft zum großen Teil decken, empfiehlt sich auch ein Blick in das umfangreiche Fachbuch von Patrick Jacobshagen mit dem Titel Filmrecht im Kino- und TV-Geschäft für den Einblick in die Praxis.

1.1 Allgemeines

Es wird angenommen, dass der Auftraggeber in Form eines Unternehmens etwa einer Werbeagentur auftritt. Werbefilme sind immer Auftragsproduktionen, die je nach Anforderungen zu einem Fixpreis von einer Filmproduktionsfirma übernommen werden.

1.1.1 Vertragsgegenstand

Gegendstand des Vertrages ist die Herstellung eines Werbefilms für TV, Kino und Internet, jedoch keine Printwerbung. Darin enthalten sind die Kalkulation, das Drehbuch und die technische Qualität des Aufnahmematerials. Bei Realdrehorten werden dem Auftraggeber 4 Drehorte zur Auswahl gestellt, von denen er sich einen auswählen kann.

1.1.1.1 Kalkulation

In die Berechnung der Kalkulation fließen ein:

- Vereinbarung in welchen Ländern ausgestrahlt werden soll (Österreich / deutschsprachiger Raum / Europa / Amerika / weltweit)
- Definition in welcher Form der Schauspieler mit den Comicfiguren in den Dialog tritt:
  1. Der Schauspieler wird vor einem Blue- oder GreenScreen aufgenommen, um eine Integration in die Animation zu ermöglichen oder
  2. die Comicfiguren werden in die Realaufnahmen eingebunden.

  In beiden Fällen ist ein Setzen von Markern anstelle der Comicfiguren unabdingbar, um dem Schauspieler die vorgetäuschte Kommunikation zu erleichtern. Der Kostenunterschied der beiden Vorgehensweisen ist erheblich und daher ein wichtiger Teil des Vertragsgegenstandes.

1.1.1.2 Technische Qualität

Der Auftraggeber hat entweder genaue Vorstellung oder sollte sich beraten lassen unter welchen Qualitätskriterien er seinen Werbefilm produzieren lassen will. Diese Kriterien sind ausschlaggebende Faktoren für die Kalkulation, und sind im Vertrag zu definieren.

1.1.2 Vertragstyp

Der Auftragsproduktionsvertrag ist ein Werkvertrag.

1.1.3 Herstellungszeitraum / Endabnahme

Ein wesentlicher Bestandteil ist die Festlegung von Fristen. Sie müssen eingehalten werden, um einen reibungslosen Ablauf und die Rechtzeitigkeit der Abnahme zu gewährleisten. Zu regeln sind daher der Herstellungszeitraum, der Abgabetermin und die Endabnahme. Dabei ist festzuhalten, dass Umstände eintreten können, die seitens des Auftragnehmers nicht beeinflussbar sind, und die zu eine Verzögerung der Produktion führen können (etwa Schlechtwetter bei Außendrehs).

Dieser Punkt hat eine wesentliche Auswirkung auf weitere Bestandteile des Vertrags. Zu berücksichtigen ist auch, dass bei Änderungswünschen seitens des Kunden abzuschätzen ist, ob die Termine eingehalten werden können und ob ein zusätzlicher Kostenaufwand entsteht.

1.1.4 Material

Die Materialkosten sind ein wesentlicher Faktor in der Kostenkalkulation und sind daher gründlich mit dem Auftraggeber abzusprechen und vertraglich festzuhalten. Die Möglichkeiten reichen von Qualitätsunterschieden in der Aufnahme, den Anforderung der Bearbeitung und des Abnahmebands. Sendebänder unterliegen bestimmten technischen Kriterien, die geregelt werden müssen. Im Lieferumfang ist der fertig geschnittene Werbefilm enthalten. Nicht bearbeitetes Material bleibt im Besitz des Produzenten, falls nicht anders vereinbart.

1.2 Kosten

Zu den Kosten zählen folgende Punkte (Anlehnung an Punkt Nr. 2 der Allg. Herstellungs- u. Lieferbed. der FAFO Österreichs für die Herstellung von Werbefilmen):

- Herstellungskosten
- Sicherung aller Rechte
- Herstellung des Treatments bzw. Drehbuchs
- Handlungsunkosten (HU)
- Versicherungen, falls vereinbart
- Sonstige Kosten

Die Gesamtproduktionskosten errechnen sich aus

```
    Nettoproduktionskosten
+   15 % HU
---------------------------------------------
    Selbstkosten
+   10 % der Selbstkosten
+   25 % Lohnnebenkosten
---------------------------------------------
Gesamtproduktionssumme ohne USt
```

Bei der Erstellung der Rechnung ist es notwendig die Endsumme als Nettobetrag und die Umsatzsteuer gesondert anzuführen, da der Vertragsabschluß in der Regel zwischen vorsteuerabzugsberechtigten Unternehmen stattfindet. Es ist daher auch üblich im Kostenvoranschlag die Nettosumme zu nennen, ein Hinweis darauf, ob hier noch die Umsatzsteuer (oder Mehrwertsteuer) hinzuzurechnen ist, ist aber notwendig, da im Zweifel eine Preisangabe einschließlich der Mehrwertsteuer zu verstehen ist.

1.2.1 Herstellungskosten

Darunter fallen sämtliche Herstellungskosten einschließlich der Sendekosten bzw. vorführbaren Erstkopie.

1.2.2 Rechteeinräumung

Der Produzent muss sich vor Drehbeginn sämtliche Rechte sichern:

- das Verfilmungsrecht der Comicfiguren
- das Recht die musikalischen Untermalung (Synchronisationsrecht)
- falls erforderlich die Drehgenehmigung
- Recht zur Ausstrahlung (ev. mit Eingrenzung auf bestimmte Länder)

1.2.3 Drehbuch

Der Auftraggeber liefert zwar eine Story aber kein Drehbuch. Gewöhnlich erarbeitet die Werbeagentur ein Treatment, welches für die Länge eines Werbefilms vollkommen ausreicht und kein weiteres Drehbuch benötigt. Die Filmproduktion erstellt dann lediglich ein Script bzw. Ablaufplan. Die Rechte werden laut FAFO (Punkt Nr. 2.3 der Allg. Herstellungs- u. Lieferbed. der FAFO Österreichs für die Herstellung von Werbefilmen) dann an den Produzenten übertragen.

Die Werbeagentur hat sich um die Lesung und Abnahme des Drehbuchs bzw. des Ablaufplans durch den Auftraggeber zu kümmern. Für das Drehbuch wird ein eigener Betrag vereinbart. Sinnvoll ist es hier für die einzelnen Leistungen (hier das Drehbuch), gesonderte Zahlungspflichten des Auftraggebers zu vereinbaren, so dass diese Leistungen auch dann zu bezahlen sind, wenn es aus welchen Gründen auch immer nicht zur Fertigstellung der Gesamtproduktion kommt. Die Rechte an den Unterlagen, wie das Drehbuch oder der Ablaufplan, die von der Werbeagentur oder in deren Auftrag erarbeitet werden, bleiben in deren geistigen Eigentum. Das heißt dass jede Art von Verwertung einer ausdrücklichen Zustimmung der Werbeagentur bedarf (Punkt Nr. 1.2 der Allg. Herstellungs- u. Lieferbed. der FAFO Österreichs für die Herstellung von Werbefilmen).

1.2.4 Beistellungen

Kosten für Versicherungen von Produktionsabläufen, angemieteten Geräten usw. werden gewöhnlich dem Auftraggeber in Rechnung gestellt.

1.2.5 Sonstige Kosten

Weitere Kostenposten können auftreten bei wetterbedingten Verschiebungen des Drehs oder ähnlichen nicht beeinflussbaren Umständen. Die dadurch anfallenden Mehrkosten werden gewöhnlich dem Kunden in Rechnung zu stellen.

1.3 Kosten

Sinnvollerweise wird die Bezahlung zumindest in 2 Teilen angesetzt: Bei Auftragserteilung und bei der Abnahme. Häufig wird die Bezahlung der Gesamtleistung aber auch so geregelt: 1 Drittel bei Vertragsabschluss, 1 Drittel bei Beginn der Produktionsarbeiten, 1 Drittel bei Abnahme. Das ist deshalb sinnvoll, da den Auftragnehmer gleich von Beginn an sehr hohe Kosten erwarten, die es abzudecken gilt. Weiters wird die Berechnung von „Verzugszinsen in der Höhe der Sekundärmarktrendite plus 3% ab Fälligkeit" vorgeschlagen (Punkt Nr. 6 der Allg. Herstellungs- u. Lieferbed. der FAFO Österreichs für die Herstellung von Werbefilmen). Die Höhe der Zinsen ist aber frei vereinbar, so dass sich auch aus Gründen der einfacheren Berechnung Verzugszinsen zwischen 9 und 12 %/Jahr empfehlen.

1.4 Herstellung, Änderung, Abnahme, Fremdsprachige Fassungen

Die Filmproduktion beginnt erst nach Unterzeichnung des Produktionsvertrages mit den Dreharbeiten.

1.4.1 Kontrollpflichten

Der Auftraggeber hat Anspruch darauf, über alle Produktionsvorgänge informiert zu werden und kann sein Mitspracherecht geltend machen. Die Produktionsfirma ist verpflichtet dem Auftraggeber die Möglichkeit zur rechtzeitigen Einflussnahme zu bieten, indem sie ihn über alle geplanten Schritte in Kenntnis setzt. Dabei empfiehlt es sich, eine Frist für allfällige Äußerungen des Auftraggebers zu vereinbaren, um den Produktionsfortschritt zu gewährleisten.

1.4.2 Kontrollpflichten

Änderungswünsche des Kunden, die zu Mehrkosten führen sind auch von jenem zu tragen.

1.4.3 Fremdsprachige Fassungen

Soweit der Wunsch besteht, für andere Länder fremdsprachige Fassungen herzustellen, ist dies vertraglich vorher abzuklären, damit die Rechteeinholung durch die Werbeagentur von vornherein in ausreichendem Umfang erfolgen kann.

1.5 Haftung

Von Seiten der Filmproduktion muss ein nach den technischen Richtlinien einwandfreies Material in Bild- und Tonqualität angefertigt und geliefert werden.

Produktionsfirmen haben in der Regel eine Negativ- und Haftpflichtversicherung. Daher sind ein Abhandenkommen und Fehler des Materials versichert. Die Haftung für Verlust oder Beschädigung geht mit dem Abnahmezeitpunkt auf den Auftraggeber über. Es lässt sich auch vertraglich festhalten, dass bereits bei Abgabe die Haftungsübertragung erfolgt (Vgl. Jacobshagen, 2003, S. 100). Die Mehrkosten an der Herstellung des Filmwerks sind von demjenigen zu tragen, der diese Mehrkosten zu verantworten hat. Entstehen erhebliche Mehrkosten, ohne dass eine der Vertragsparteien daran ein Verschulden trifft, kann dem Auftraggeber ein Recht auf Vertragsrücktritt eingeräumt werden, wobei er die bereits angefallenen Kosten und Leistungen zuzüglich Handlungsunkosten bezahlen muss (Punkt Nr. 4.2. der Allg. Herstellungs- u. Lieferbed. der FAFO Österreichs für die Herstellung von Werbefilmen).

1.6 Nennungspflicht

Grundsätzlich haben der Auftraggeber, die Filmproduktion, Künstler und Schauspieler ein Recht genannt zu werden. Allerdings ist in einem Werbefilm, im TV und Kino, kein Vor- und Abspann vorhanden. Die Praxis verzichtet daher auf diese Ansprüche. Es empfiehlt sich einen solchen Verzicht vertraglich festzuhalten. Anders sieht die Sache bei der Zurverfügungstellung zur Werbung auf einer Website aus. Da könnten die berechtigten Personen erwähnt werden.

1.7 Rücktritt vom Vertrag durch den Auftraggeber

Dem Auftraggeber kann ein Recht auf Kündigung eingeräumt werden, in diesem Fall muss er jedoch das vereinbarte Honorar anteilig bezahlen. Es besteht jedoch keine Verpflichtung dem Auftraggeber ein unbegründetes Rücktrittsrecht einzuräumen.

1.8 Urheberrechte, Verwertungsrechte

Vgl. Jacobshagen, P. (2003, S. 100) und Punkt Nr. 7 der Allg. Herstellungs- u. Lieferbed. der FAFO Österreichs für die Herstellung von Werbefilmen.

Zur Erstellung des Werbefilms muss sich der Produzent sämtliche Rechte sichern bzw. regeln:

- Verfilmungsrecht (inkl. Wiederverfilmung)
- Senderechte inkl. Kabelweitersendung, Satellit, terrestrische Sendung, Web-TV, etc.
- die Vorführrechte kommerziell (Kino), wie nicht-kommerziell, zu Festival-, Lehr, Prüf-, Verkaufsveranstaltungen, Messezwecken
- Zur-Verfügung-Stellungsrechte (auf Abruf Rechte)
- Leistungsschutzrecht
- die Vervielfältigungs- und Verbreitungsrechte
- die Tonträgerrechte (inkl. Soundtrack)
- Onlinerecht
- das Archivierungs- und Datenbankrecht
- die Bearbeitungs- und Synchronisationsrechte (inkl. Digitalisierung)

- Weiter- und Fortentwicklungsrecht
- die urheberrechtlichen Vergütungsansprüche

Diese Rechte werden von der Filmproduktion nach der Fertigstellung weiter verwaltet.

Nach der Abnahme des Werbefilms erfolgt eine Reihe von Rechtsübertragungen an den Auftraggeber und die Sendeanstalten.

- Sende-/Aufführungsrechte
- Eingrenzung des Gebiets bzw. der Sendeanstalten
- Eingrenzung auf TV- und Kinowerbung, als auch Online-Werbung

Der Auftraggeber hat nicht

- die Vervielfältigungs- und Verbreitungsrechte
- die Bearbeitungs- und Synchronisationsrechte (inkl. Digitalisierung)
- Weiter- und Fortentwicklungsrecht und
- die Rechte zur Verwendung von Bild und/oder Tonausschnitten.

Daher sind alle solche Verwertungen vorher mit der Werbeagentur abzuklären. Es besteht aber auch die Möglichkeit dem Auftraggeber sämtliche Werknutzungsrechte zu übertragen.

Die Urheberschaft und Leistungsschutzrechte an den einzelnen Teilen der Produktion wie etwa dem Drehbuch, dem Slogan und dergleichen ist im Vertrag schriftlich festzulegen.

Letzter wesentlich Punkt ist die Aufbewahrung des Ausgangsmaterials. Die gesetzliche Frist liegt bei Werbespots bei 2 Jahren und kann vor Ablauf verlängert werden. Den Kostenaufwand hat der Auftraggeber zu tragen.

1.9 Schlussbestimmungen

Die Filmproduktion behält sich das Recht vor, Eigenwerbung auf einer Website oder auf Wettbewerben und Festivals betreiben zu dürfen. Die Herstellung des Filmwerks erfolgt am Hauptsitz des Produzenten.

Bei Rechtsstreitigkeiten „wird als zuständiges Gericht das für den Sitz des Produzenten sachlich zuständige Gericht vereinbart".

2 Schauspielvertrag

2.1 Begriffsklärung: Buy-Out

Bei dieser Vertragsgestaltung wird vom Schauspieler für einen gewissen Zeitraum, bei Werbespots üblicherweise für ein oder zwei Jahre, das Recht erworben, die Darbietungen auszustrahlen. Die Höhe des Honorars unterliegt der freien vertraglichen Vereinbarung.

Nach Ablauf der Zeit und dem Wunsch der abermaligen Ausstrahlung ist es in Österreich üblich, mit dem Schauspieler ein weiteres Buy-Out für ein oder zwei Jahre auszuverhandeln.

2.2 Allgemeines

Verträge mit Schauspielern sind in der Regel als Dienstverträge zu gestalten.

Im Normalfall ist es Aufgabe der Produktionsfirma einen passenden Schauspieler zu finden und zu engagieren. Dies geschieht in den meisten Fällen über eine Schauspielagentur. In unserem Beispiel schlägt der Auftraggeber den Schauspieler vor und sichert ihm € 50.000,- für 2 Drehtage zu. Daher fällt die rechtliche Vereinbarung nicht mehr in den Aufgabenbereich der Produktionsfirma und in Folge dessen nicht in die Kalkulation.

Der Auftraggeber kümmert sich um die Rechtslage und vereinbart schriftlich die restlichen Vertragsbedingungen. Die Schauspieler sind nicht Urheber oder Miturheber des Werbefilms, aber haben Leistungsschutzrechte. Mit Unterzeichnung des Vertrages genehmigen sie die Produktion und Ausstrahlung und treten für diesen Werbefilm ihr Recht ab.

Die Produktionsfirma hat folglich nur eine schriftliche Zusicherung des Auftraggebers einzuholen, dass dieser alle rechtlichen Aspekte abklärt. Für einen Einblick in den Schauspielvertrag, wird auf die Auflistung von

Jacobshagen mit den wichtigsten Punkten Bezug genommen, welche den Vertragsgegenstand, die Verpflichtung zur Rolle, die Anzahl der Drehtage, das Honorar, die Ausfallversicherung, die Änderung des Äußeren, die Reisebedingungen, die Luxusbedürfnisse, der Fall einer Erkrankung und Schlussbestimmungen regeln.

2.3 Vertragsgegenstand

Der Schauspieler wird zu diesem Werbefilm verpflichtet für 2 Drehtage um € 50.000,- inkl. Anreise und Abreise (Hin- und Rückfahrt zum Drehort wird gewöhnlich als je ein halber Drehtag gerechnet. In diesem Fall wurde das Gesamthonorar bereits vereinbart, wodurch es nicht gesondert abgerechnet wird). In diesem Filmwerk tritt er mit den Comicfiguren in einen Dialog. Weitere vertragliche Bindungen sind die Bekanntmachung des Drehorts und nach Möglichkeit die Nennung des Regisseurs.

2.4 Verpflichtung zur Rolle

Die Filmproduktion braucht eine Zusicherung, dass der Schauspieler das Drehbuch gelesen und angenommen hat. Damit ist der Schauspieler verpflichtet die beschriebene Rolle darzustellen und Umgestaltungen des Regisseurs anzunehmen.

2.5 Anzahl der Drehtage

Der Schauspieler stellt sich bereits im Vorfeld nur für 2 Drehtage zur Verfügung, welche nicht die Hin- und Rückreise beinhalten. Es gilt die Stundenanzahl pro Drehtag zu vereinbaren, die normalerweise bei 10 Stunden Arbeitszeit liegt. Nach Möglichkeit sollte eine weiterer Punkt vereinbart werden, der einen Nachdreh zu einem fixen Honorar ermöglicht.

2.6 Honorar

Das Honorar von € 50.000,- wurde mit dem Auftraggeber vereinbart. Sollte der Schauspieler außerhalb des Drehortes leben werden für die Hin- und

Rückreise im Normalfall je ein halber Drehtag verrechnet. Selbst wenn der Schauspieler gleich am selben Tag nach den Dreharbeiten abreist und nicht mehr im Hotel übernachtet, ist es üblich ihm den halben Drehtag zu zahlen. Bei geringeren Entfernungen kommt das Fahrtengeld bzw. km-Geld oder der Abholdienst zum Einsatz. Da die Vereinbarung über den Auftraggeber läuft, muss dieser den endgültigen Betrag aushandeln und etwaige Überstunden und Wochenendzuschläge vereinbaren.

Der Betrag wird als Buy-Out vereinbart für die TV-, Kino- und Internetwerbung im Zeitraum von 1 oder 2 Jahren und in den vereinbarten Regionen bzw. Sendern. Bei einer Verlängerung der Ausstrahlung wird mit dem Schauspieler ein abermaliges Buy-Out für einen vordefinierten Zeitraum ausgezahlt, ohne einen zusätzlichen Arbeitsaufwand.

2.7 Ausfallversicherung / Krankheit

Bei einer Verhinderung des Schauspielers, tritt eine Verzögerung der Dreharbeiten oder im schlimmsten Fall der Ausfall des Schauspielers gänzlich ein. Daher empfiehlt es sich, für diese Fälle eine Ausfallversicherung abschließen. Im Interesse aller sollte außerdem geklärt werden, ob der Ersatz des Schauspielers erwünscht ist und ob die Filmproduktion oder der Auftraggeber sich um das Casting kümmert.

2.8 Änderung des Äußeren

Während der Dreharbeiten hat der Schauspieler sich zu verpflichten keine Änderungen an seinem äußeren Erscheinungsbild, wie z.B. die Frisur oder der Hautbräunung, vorzunehmen. Dies ist für die Rollenkontinuität eine wichtige Vorraussetzung.

2.9 Hotel und Reise / Luxusbedürfnisse

Ab einem bestimmten Bekanntheitsgrad verlangen Schauspieler einen gewissen Grad an Komfort in Hinsicht auf Hin- und Rückreise, wie auch der Hotelunterbringung. Für die Filmproduktion können diese Luxusbedürfnisse zu einer großen finanziellen Zusatzlast werden.

2.10 Schlussbestimmungen

Im Hinblick darauf, dass das dem Schauspielvertrag zugrunde liegende Vertragsverhältnis ein Dienstvertrag ist, kann eine Gerichtsstandsvereinbarung nur das zuständige Gericht des Wohnsitzes des Schauspielers oder des Ortes an dem die Schauspielleistung zu erbringen ist vorsehen.

3 Der Vertrag mit dem Grafiker

Der Urheber der Comicfiguren muss mehrere Rechte an die Filmproduktion geben um eine Verfilmung zu ermöglichen.

3.1 Vertragsgegenstand

Im Vertrag wird festgelegt in welcher Form die Comicfiguren in diesem Werbefilm zum Einsatz kommen. Der Grafiker seinerseits sichert zu, dass er der rechtmäßige Inhaber der Rechte ist.

3.2 Territorium

Der Werbefilm wird in TV- und Kinowerbung eingesetzt und zur Eigenwerbung im Online-Bereich. Die Werbung ist einzuschränken entweder auf bestimmte Territorien, wie den deutschsprachigen Raum oder einen TV-Sender. Diese Aspekte werden in Absprache mit dem Auftraggeber vereinbart, da dies einen Unterschied in Kostenkalkulation ausmachen könnte.

3.3 Honorar

In der Medienbranche ist es üblich einen einmaligen Betrag an den Grafiker auszuzahlen und in der Regel gibt es keine Wiederholungshonorare bei nochmaliger Ausstrahlung.

3.4 Rechteübertragung

Folgende Rechte überträgt der Grafiker:
- Verfilmungsrecht
- Vorführrecht
- Senderecht
- Vervielfältigungs- und Verbreitungsrecht
- Bearbeitungsrecht
- Online-Rechte (Recht der öffentlichen Zurfverfügungstellung)

3.5 Nennung

Da es sich um einen Werbefilm handelt, ergibt sich kaum die Möglichkeit einer Nennung des Urhebers der Comicfiguren.

3.6 Zustimmungsrecht und Schutz vor Entstellungen

Die Veränderung an der Charakteristik der Comicfiguren könnte den Grafiker veranlassen seine Rechteübertragungen zurücknehmen zu wollen oder ein Mitspracherecht einzufordern. Dieses gilt es im Vorfeld zu klären und vertraglich festzulegen. Immerhin werden aus den 2D-Illustrationen (3D-) animierte Figuren hergestellt. Idealerweise sollte sich der Grafiker verpflichten jede Änderung zu akzeptieren. Im Gegenzug versichert die Filmproduktion den Charakter bzw. Ruf des Comics nicht zu schädigen.

4 Musikalische Untermalung

In der Werbebranche ist es üblich die musikalische Untermalung einem Tonstudio in Auftrag zu geben.

Oft wird der Wunsch geäußert einen Teil eines bekannten Musikstücks im Werbefilm zu verwenden. In diesem Fall ist zuerst das Recht von einer

Verwertungsgesellschaft und anderen Anspruchsberechtigten einzuholen (in der Regel vom Tonträgerhersteller und auch vom Komponisten selbst). Doch ist der Preis bei einem bekannten Musikstück pro ausgestrahlter Filmsekunde sehr hoch. Daher hat man ursprünglich gerne ein Tonstudio beauftragt zu dem gewünschten Stück „danebenzukomponieren". Der Wiedererkennungswert soll erhalten bleiben während die musikalischen Elemente nicht identisch sind. Die Judikatur des OGH hat dieser Vorgehensweise jedoch einen Riegel vorgeschoben. Nach dessen Ansicht liegt die Schutzfähigkeit des Werkes in hohem Maße in dessen Wiedererkennbarkeit, so dass es nicht unbedingt auf die identen musikalischen Elemente ankommt, sondern, dass bereits ein nach wenigen Malen Anhören wiedererkanntes Musikstück auch dann geschützt ist, wenn die andere Komposition als gleich oder ähnlich empfunden wird (OGH 4 ob 9/96 „Happy Birthday"). Empfehlenswert ist es daher, ein neues Werk in Auftrag zu geben. Das Tonstudio ist verpflichtet sich die erforderlichen Rechte für dieses „Musikstück" zu holen und die anfallenden Kosten an das Produktionsstudio weiterzuleiten. Für die rechtliche Abklärung mit den Verwertungsgesellschaften, den Urhebern oder anderen Ansprechpartnern ist das Tonstudio zuständig und leitet nur die anfallenden Kosten an die Produktionsfirma weiter.

Daher wird seitens der Filmproduktion nur mit dem Tonstudio ein Vertrag abgeschlossen. Es ist dabei zu berücksichtigen, dass Komponisten, die ihre Rechte an Verwertungsgesellschaften (AKM/GEMA) übertragen haben, nicht mehr in der Lage sind darüber frei zu verfügen. Es ist ihnen daher auch nicht möglich derartige Rechte, wie etwa das Senderecht einzuräumen oder darauf zu verzichten. Diese Rechte müssen daher gesondert von der Verwertungsgesellschaft eingeholt werden. Der Auftraggeber ist daher darüber aufzuklären, dass neben den Kosten der Auftragskomposition auch noch die Kosten der Lizenzierung der einzelnen Nutzungen durch die Verwertungsgesellschaft zu berücksichtigen sind.

4.1 Vertragsgegenstand

Die vertraglichen Punkte mit dem Tonstudio sind (Jacobshagen Seite 275):

- Beschreibung des Musikstückes
- Arbeitstitel der Produktion
- Länge des Musikstücks

- Definition des Trägermaterials (Technisch einwandfreie Bänder, die sich gegebenfalls den Richtlinien der TV-Sender anpassen).

4.2 Material

Es wird festgelegt auf welchem Material das Musikstück abzuliefern ist. Gängig wäre etwa die Lieferung eines DAT Masters.

4.3 Fristsetzung

Der Rohschnitt des Films wird an das Tonstudio geliefert um die musikalische Untermalung komponieren zu lassen. Da die Filmproduktion die Termine mit dem Kunden einhalten muss, hat es ebenso mit dem Tonstudio Fristen zu setzen. Darunter fallen der Abgabetermin, der vor dem Feinschnitt fertig sein muss und die endgültige Abnahme. Die Anzahl an Nachbesserungsversuchen wird ebenfalls festgelegt und räumt bei Überschreitung das Recht zur Kündigung der Produktionsfirma ein. Ebenfalls zu klären ist die Frist für Änderungswünsche seitens der Produktionsfirma. Diese Frist liegt gewöhnlich bei sechs Wochen.

4.4 Vergütung und Rechteübertragung

Hat der Komponist seine Rechte nicht an eine Verwertungsgesellschaft übertragen, wird die Vergütung für das komponierte Werk wird bei Werbefilmen in der Regel einmalig bezahlt und beinhaltet die Rechteübertragung. Die Rechte schränken sich allerdings nur auf den vereinbarten Werbefilm ein, die folgende Punkte enthalten

- das Vervielfältigungs- und Verbreitungsrecht
- das Vorführrecht und
- das Senderecht.

Die Zahlung kann in mehreren Etappen, bei der Vertragsunterzeichnung, der Abgabe und der Abnahme erfolgen.
Hat der Komponist seine Rechte an eine Verwertungsgesellschaft übertragen ist jede Nutzung zusätzlich durch die zuständige Verwertungsgesellschaft zu lizenzieren.

4.5 Garantie

Das Tonstudio verpflichtet sich die Rechte am komponierten Musikstück zu sichern und im eigenen Hause ohne Zuhilfe von Dritten zu erstellen.

4.6 Öffentliche Erklärungen / Verschwiegenheit

Gegenüber der Öffentlichkeit gilt die Verschwiegenheitspflicht über die Vertragsinhalte und Geschäftstätigkeiten mit der Filmproduktion. Öffentliche Erklärungen dürfen nur bei Vereinbarung mit dem Produzenten gegeben werden.

4.7 Nennung

Das Tonstudio wird üblicherweise genannt soweit das möglich ist. Bei einem Werbefilm könnte das im Rahmen der Präsentation auf einer Website erfolgen.

4.8 Schlussbestimmungen

Gerichtsstand bei Rechtsstreitigkeiten kann vereinbart werden.

5 Literaturverzeichnis

Bücher

Jacobshagen, P. (2003). Filmrecht. Im Kino und TV-Geschäft. Alles was Filmemacher wissen müssen. (2.Aufl.). Bergkirchen: PPVMedien.

Links

Allgemeine Herstellungs- und Lieferbedingungen des Fachverbandes der Audiovisions- und Filmindustrie Österreichs für die Herstellung von Werbefilmen vom 1.Juni 1999:
www.fafo.at/download/HerstelluLieferbedWERBEFILM.pdf